日本をダメにした財務省と経団連の欺瞞

Ministry of Finance and Keidanren

三橋貴明
Takaaki Mitsuhashi

小学館

装丁・ブックデザイン／杉本欣右
校閲／西村亮一
図版作成／タナカデザイン

日本をダメにした財務省と経団連の欺瞞　目次

第一章　日本を衰退させた「緊縮財政」という失政

第二章 亡国の最凶省庁・財務省

第三章 「今だけ、金だけ、自分だけ」の経団連

第四章

第二次世界恐慌の襲来に耐えられるか

第一章

日本を衰退させた「緊縮財政」という失政

主要国の中で労働者の賃金は日本だけがマイナス

日本経済の凋落が止まらない。バブル全盛期の平成元年（1989年）、世界時価総額ランキングにおいて、世界のベスト50のうち日本企業はなんと32社もランクインしていた。しかも1位はNTTで、ベスト10のうち7社も日本企業が占めていた。しかし、それから30年後の平成30年（2018年）には、わずかにトヨタ自動車1社のみがランクインするだけだ。それどころかアメリカのGAFA＋マイクロソフトの5社だけで日本の東証1部上場企業約2160社の時価総額を上回ってしまう始末だ。

一人当たりGDPにしても1988年には世界で2位だったのが、2018年には26位にまで順位を落とした。現在ではアメリカの6割程度、ノルウェーの半分以下で、かつて日本の4割程度しかなかった香港にも追い抜かれてしまった。

OECD（経済協力開発機構）の調査にはさらに驚く。1997年から2018年の22年間での労働者の賃金を時給換算したところ、

・イギリス - 93％増
・アメリカ - 82％増
・フランス - 69％増
・ドイツ - 59％増

と主要国は軒並み、大きく成長している。ところが唯一日本だけはマイナス8％だ。3％から5％へと消費税増税を敢行した1997年を契機にデフレに突っ込み、長期不況に陥った。その状況でリストラ、派遣労働者の増大による賃金低下が招いた結果だ。もはや日本は先進国とは呼べない。完全な衰退国といってもいい。

ジョン・メイナード・ケインズは『雇用、利子および貨幣の一般理論』（刊行1936年）の巻末に、

《経済学者や政治哲学者の思想は、それらが正しい場合も誤っている場合も、通常考えられている以上に強力である。実際、世界を支配しているのはまずこれ以外のものではない。誰の知的影響も受けていないと信じている実務家でさえ、誰かしら過去の経済学者の奴隷であるのが通例である》

と、書いているが、まさしく全てを決めるのは「思想」なのである。より分かりやすく書くと「考え方」だ。たかだか「考え方」が、世界を支配しているなど、大げさでは？などと思うなかれ。現在の日本の主流となっている「経済」に対する考え方は、実際に我々の生活、ビジネス、そして人生に大きな影響を与えている。しかも、主に悪い影響を。

なぜ、日本国は1997年以降、経済成長しなくなったのか。なぜ、国民の所得が増えなくなり、むしろ貧困化が進み、国内の所得格差が拡大していったのだろうか。理由は単

に、「間違った考え方」に基づき、経済政策が推進されたためだ。

ここでいう「間違った考え方」というのは、特定の価値観に基づいている。筆者は、「国民が豊かになり、安全に暮らしていくことを可能とする経済実現」が、「正しい考え方」であると確信しているが、これはあくまで筆者の価値観である。筆者の価値観に基づけば、1997年以降の（厳密にはそれ以前からだが）日本政府の政策において、バックボーンとなった考え方は間違っている。

そうは考えない、自分一人の利益を最大化できるならば、別に国民が貧困化しても一向に構わないといった、エゴイスティックな価値観を持つ人もいるだろう。

Ⅰ：国民が豊かに、安全に暮らせる経済を望む。

Ⅱ：自分一人が得をするならば、自分以外の国民が貧困化しても構わない。

ⅠとⅡとでは、価値観が真逆だ。そして、Ⅰにせよ、Ⅱにせよ、それぞれの価値観を現実化するための「考え方」が用意されている。過去の歴史を見る限り、Ⅰ派とⅡ派は、経済学の始祖アダム・スミスの『国富論』刊行（1776年）以降、ひたすら「考え方」の争いを続けてきた。

スミス以降の経済学は、基本的には「Ⅱ派」の主張を展開。それに対し、ドイツの思想家、経済学者フリードリッヒ・リストなどが反論しては、潰される。このくり返しだった。

ちなみに、スミスは経済学者というよりは道徳学者であり、別段、エゴイスティックな

Ⅱ派に与していたわけではない。とはいえ、スミスの、たとえば「市場の見えざる手」といった考え方が、Ⅱ派の学者たちに巧みに活用されたのは確かだ。

興味深いことに、スミスは国富論において、市場について説明する際に「見えざる手」という表現は確かに使っているのだが、「神の見えざる手」とは書いていない。それにもかかわらず、市場中心主義の経済学者たちは「スミスの言う神の見えざる手」といったレトリックで、市場メカニズムについて説明し、正当化しようとする。誰がスミスの「見えざる手」に、「神の」を付け加えたのだろうか。

また、スミスは国富論において、「貨幣」について間違った認識を示してしまった。スミスは、貨幣について、物々交換の不便さを解消するために、当初は貝や塩、貴金属などの「物」が使われ、やがて貨幣が誕生したと書いている。スミスは貨幣について、「普遍的商業用具」として説明したのである。

《貨幣がすべての文明国で普遍的な商業用具となったのはこのようにしてであり、この用具の媒介によってあらゆる種類の品物は売買され、相互に交換されているのである。（アダム・スミス著『国富論』）》

スミスの貨幣観の過ち、あるいは勘違いが、後の人類に信じがたいほど巨大な悪影響を及ぼしてしまった。

「貨幣とは、物々交換の不便さを解消するために発展した〝物〟ではないのか？」

と、疑問を持たれた方が少なくないだろうが、その認識は完璧に間違いである。過去の人類文明において、一つの共同体内で「物々交換経済」が成立していた事例は確認されていない。貨幣経済以前の人類は「分配」により経済を成り立たせていた。つまりは、共同体で生産物を管理し、所属する人々に分配するのである。

古代ギリシャでは、それぞれのポリス（都市国家）が各々勝手に硬貨を鋳造していた。当時は、外国為替市場のような都合のいいものはないため、ポリス間の交易は物々交換や「金属の重さ」により決済されていたわけである。

とはいえ、実のところ貨幣の本質は、紀元前３０００年頃のメソポタミア文明時代から全く変わっていない。貨幣とは、金貨銀貨、あるいは紙幣といった「物」「商業用具」ではなく、単なる債務と債権の記録だ。つまりは、貸借関係である。

貨幣について「物」として捉える（間違った）考え方を、商品貨幣論と呼ぶ。それに対し、貨幣を「貸借関係」として正しくとらえる考え方が、信用貨幣論だ。

本件については後述するが、とりあえず「貨幣が貸借関係」だった場合、量的な上限は発生しないことを理解して欲しい。金貨や銀貨、あるいは紙幣にしても、地球上の資源の量により発行上限が決まってくる。それに対し、貸借関係という「約束事」には、限度は生じ得ない。

つまりは、貨幣に関する「考え方」も2種類あるのである。興味深いことに、価値観の「Ⅰ派」は、貨幣について「貸借関係」であると正しく理解する信用貨幣論だ。それに対し「Ⅱ派」は、貨幣をアダム・スミス的に「商業用具」として認識する。つまりは、商品貨幣論。Ⅱ派は商品貨幣論であるが故に、貨幣の量に「限度」があるという（間違った）前提で経済を考えてしまう。

アダム・スミスの罪

スミス以降、いわゆる「経済学」という学問は、貨幣は商業用具、物であるという認識の下で発展した。典型的な「考え方」が、貨幣ヴェール観である。経済学（※これ以降、主流派経済学と呼ぶ）は、貨幣が実体経済において財やサービスの交換を容易にするための道具であり、実体経済を覆うヴェールのような物と認識したのだ。つまりは、貨幣が多かろうが少なかろうが、実体経済には全く影響しない。貨幣量が変動したところで、単に表面上の物価が上がったり、下がったりするだけという考え方だ。

実体経済とは、財やサービスの生産活動を意味する。たとえば、10「個」のパンと、1「斤」の肉が、物々交換経済において交換されると仮定する。物々交換の不便さを解消するため、パン1個10円、肉1斤100円というレートの貨幣が発行された。

肉1斤を入手したい人は、これまではパンを10個用意しなければならなかったのが、貨幣100円を支払えば済むようになった。貨幣という「商業用具」は便利である。

この状況で、貨幣を2倍の量、発行した。結果、貨幣と財（パン、肉）のバランスが変わり、パン1個20円、肉1斤200円となった。とはいえ、「パン10個で、肉1斤と交換可能」であることには変わりがない。パンや肉の生産量も、別に貨幣の量により変わったわけではない。単に、見た目の物価が上がっただけである。

右記が過去300年「発展した」はずの主流派経済学の経済観、貨幣観だ。改めて整理してみると、その幼稚さに驚く。

なぜなら、この貨幣観では「銀行預金」の説明が不可能になってしまうのだ。我々は、通帳に記載された「数字」を支払い手段として普通に使っている。通帳の数字は、商業用具なのか、物なのか。どちらにも該当しないのは、いうまでもない。

もっとも、人類の多くは、主流派経済学が前提にしている「幼稚な貨幣観」を頭にインプットされてしまっている。結果的に、我々は貨幣について「物理的な量に限界がある」と考えてしまう。実態を持つ商業用具が貨幣だというならば、地球の資源制約により「発行量の限界」が生じることになる。

つまり、人々の多くは貨幣について、物理的な形状があり、

「世界中の貨幣を集め、プールを作れる」

と、勘違いをしてしまっているのである。筆者は、多くの人間が頭の「貨幣のプール」を思い浮かべてしまう現象を「貨幣プール論」と名付けた。

アダム・スミスは、確かに経済分野において多くの実績を残した偉人の一人だ。しかし、スミスの貨幣に関する勘違いは、とんでもない「災厄」を引き起こしてしまった。ちなみに、スミスの間違った貨幣観により、人類にさまざまな誤解が広まってしまった問題は「アダムの罪」と呼ばれる。

プール論で貨幣について認識してしまうと、さまざまな派生的な間違いが生じることになる。分かりやすい間違いは「政府が国債を発行すると金利が上がって破綻する」というレトリックだ。いわゆる、典型的な財政破綻論だが、完璧に間違っている。

一般の人は間違った貨幣観に基づき、

「貨幣のプールから政府が国債発行で貨幣をたくさん持っていってしまったら、残った貨幣が少なくなって、他の誰かが借りようとしたときに、需要と供給の関係から金利が上がる」

といった、でたらめを信じてしまう。信じがたいことに、名前の知れた経済学者までもが、

「政府が国債を発行すると金利が上がり、民間が資金を調達しにくくなり、経済成長率が

低迷する」

という、いわゆるクラウディングアウト理論を大真面目に口にするのである。

どこまで、愚かなのだろうか。

「政府が国債を発行し、支出を増やすと家計は潤う」

財政破綻論を主張する経済学者や財務官僚、経済評論家やエコノミストが理解していないか、もしくは忘れたふりをしている「国債発行のプロセス」について簡単に解説しよう。

たとえば、財務省などは、

「今の日本は家計が預金を十分に持っているため、政府の国債発行は可能だ。だが、将来的には高齢化で預金が取り崩されるため、国債発行が不可能になって破綻する」

といった、ありがちな「嘘」をまき散らしている。しかも、財務省は国会議員に対してまで、このような嘘説明を繰り返しているのである。

とはいえ、

1、政府は国債発行で家計の預金を借りているわけではない。政府が国債を発行し、市中銀行などから借りるのは「日銀当座預金」という、家計や企業には使えない貨幣。

2、政府が国債を発行し、支出をすると、家計の預金は減るどころか、むしろ増える。

3、国債発行→財政支出のプロセスが終わると、同額の日銀当座預金が市中銀行に発行される。そのため、政府が借りるお金がない、といった事態は起きえない。

この3つが真実だ。

特に重要なのは、2である。政府が国債を発行し、日銀当座預金を借り入れ、公共事業などで支出しようとしたとしよう。だが、公共事業を受注した建設会社に、政府は日銀当座預金で支払うことはできない。建設会社は日銀に口座を持っていないからだ。

そのため、政府は建設会社と取引がある市中銀行に、支払い指示をする。市中銀行は、建設会社の預金口座の残高を、政府指示の金額分だけ増やす。建設会社は、増えた「銀行預金という貨幣」を用い、従業員への給与や下請けへの代金を支払う。

最終的に、銀行は財務省や日銀のシステムを経由し、政府との間の決済をする（具体的には、政府の日銀当座預金の残高が、市中銀行の日銀当座預金口座に移る。銀行振り込みと同じである）。

さて、国債を発行し、政府が公共事業で支出し、家計の預金は増えただろうか、減っただろうか。もちろん増えている。何しろ、企業から給与の支払いとして預金が「分配」されているのだ。

政府の国債発行、財務省やマスコミがいう「日本の国の借金が増える」とは、実は家計の預金を増加させる経済行為なのである。ということは、逆に財務省やマスコミが求めるように、国債を償還（返済）すると、家計の預金、つまりは国民の財産が減る。
1、政府は国債を返済する原資を手に入れるため、国民の預金を税金で徴収する。
2、政府は徴税した金額分、日銀当座預金を市中銀行に振り込む。
3、市中銀行は、借用証書である国債を政府に返還する。
「政府が国債を発行し、支出をすると、国民（企業、家計）の預金が増える」

「政府が国債を償還すると、国民の預金が減る」

右記は、「物理的」に覆すことが不可能な現実なのだ。国債発行残高などの、日本政府の負債（マスコミのいう「国の借金」）について、財政再建の名のもとに「減らせ」と叫んでいる人々は、国民の銀行預金残高を減少させると宣言しているに等しい。

「ならば、政府は返済が必要な国債を無限に増やしても構わないのか⁉」

と、反発する声も少なくないだろうが、返済が問題だというならば、「返済不要」にしてしまえばいいだけの話だ。すなわち、政府が株式の55％をもつ子会社である日本銀行に、市中銀行が保有する国債を買い取らせればいい。

具体的には、日本銀行が日銀当座預金を発行、厳密には「市中銀行が持つ日銀当座預金口座の残高を増やす」ことで、国債を回収。政府の負債の「債権者」を日本銀行に変えてしまえば、返済が不要になる。理由は、親会社と子会社間の貨幣の貸し借りや利払いは、連結決算で相殺されてしまうためだ。いわば、「自分が自分におカネを貸している」状況になるため、返済や金利の支払いをする必要がなくなる。
つまりは、
1、日本政府が国債を発行し、市中銀行から日銀当座預金を借りる。
2、日本政府が借り入れた日銀当座預金を担保に、財やサービスを生産した企業への支払いを市中銀行に指示。企業の預金残高が増え、給与として分配されると、家計の預金残高が増える。
3、日本銀行が政府と市中銀行の決済を日銀当座預金で実施。政府の日銀当座預金が、市中銀行に移る。
4、日本銀行が新たに日銀当座預金を発行し、市中銀行が保有する国債を買い取る。
右記の一連のプロセスにより、政府の実質的な負債（いわゆる国の借金）を増やすことなく、民間の企業や家計において銀行預金という「財産」が増えるのだ。

たとえば、政府が公共投資で1000億円の「橋梁」を建設する際のプロセスを、順番に見てみよう。

① 日本政府が国債を発行し、市中銀行Aから日銀当座預金を1000億円借りる。
② 建設企業が公共事業を受注し、1000億円の橋梁を建設する。
③ 日本政府が（建設企業が口座を持つ）市中銀行Bに、1000億円の振込指示。

図①　1000億円の公共投資で橋梁を建設

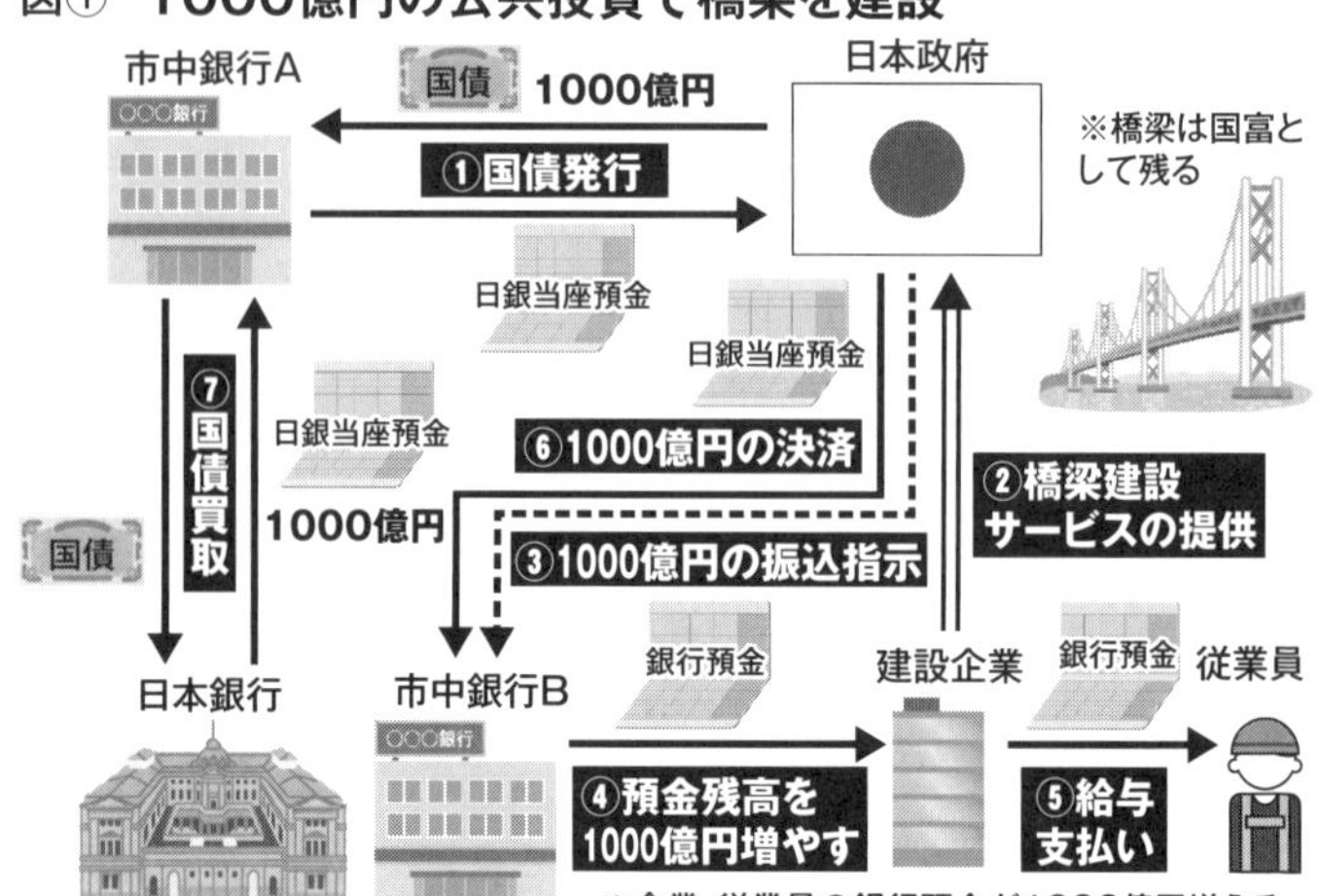

④　市中銀行Bが、建設企業の預金口座残高を１０００億円増やす。

⑤　建設企業が従業員に給与を支払う（預金が移る）。

⑥　日本政府の日銀当座預金１０００億円が、市中銀行Bに移り、決済。

⑦　日本銀行が市中銀行Aから国債を買い取り、代金を日銀当座預金で支払う。

右記の通り、政府が国債を発行し、公共投資で橋梁を建設した結果、民間（建設企業、従業員）の銀行預金が１０００億円増えた。

ところが、政府が発行した国債の債権者は最終的に日本銀行になっているため、一切の「返済負担」は生じない。政府の子会社の日本銀行が保有する国債についてまで、返済が必要な「国の借金」とやらに含めてはならない。しかも、一連のプロセスを経て、日本国には「1000億円の橋梁」という国富が生まれている。

誰の借金も増えていない。企業や家計の銀行預金は増えた。日本国の国富も増えた。これが、図①の一連の経済活動による「結果」なのだ。

図①は「国家」にとっては、ごく当たり前の経済活動である。

「政府の国債発行+支出により、国民の資産(主に銀行預金)が増える」

「日銀が国債を買い取ると、政府に返済や利払い負担は生じない」

「政府が公共投資でインフラを建設すると、誰の借金も増えないにもかかわらず、国富は増える」

これらの「事実」は、少なくとも国家の管理に関わる政治家や官僚は理解していなければならない(理解している人もいる)。ところが、現実には国家と「家計」を混同し、

「借金は何が何でも増やしてはいけない。家計の借金も、国の借金も同じだ」

「公共投資はムダ！　バラマキ！　放漫財政！」

「政府は支出を削れば削るほどいい」

といった幼稚な理解が国民に共有されてしまっており、たとえば、

「国民の生命を守るために、国債を発行し、医療サービスを充実させる」

といった主張であっても、

「また、国の借金を増やすのか！」

といった「世論」猛反発を受ける。選挙の場合、ライバルの候補者は、

「あの政治家はまた無駄なバラマキを増やすと言っている。放漫財政だ」

と、批判の声を上げ、攻撃する。結果的に、国民の、安全や豊かな生活を実現するために、正しい国債発行・財政支出拡大を主張する政治家が選挙で落選する。

プライマリーバランス黒字化目標は国民赤字化政策

これが、現在の日本の現実なのだが、大本の「主流派経済学」が貨幣に関する認識を完全に間違えているから手に負えない。政治家や官僚、国民の貨幣観が歪み、実は「貨幣＝貸借関係」であり、誰かが借金をしないことには生まれない（逆に、借金返済をすると貨幣が消滅する）という事実を無視し、

「国の借金で破綻する！　政府は国の借金を減らせ！」

などと、幼稚なスローガンが叫ばれ続ける。

実際に日本の学者と称する連中の中に、

「日本政府の予算１００兆円は多すぎる！　効率化を進めれば、20兆円は削減できる」

と、主張する政府御用達の〝名誉教授〟がいるので、愕然としてしまう。

図①からも分かる通り、我々の所得（給与など）は、労働により生産された財やサービスに対し、誰かが支出をしてくれないことには生まれない。図①でいえば、1000億円分の橋梁を建設したとして、支払いが行われなければ、建設企業は従業員に給与を支払うことはできない。政府が支出を20兆円「節約」したとき、その金額分、国民の所得が消えてしまう。つまりは、我々の銀行預金が増えない。

あるいは、日本政府は未だにプライマリーバランス（基礎的財政収支、以下PB）黒字化目標を掲げているが、黒字と赤字はコインの裏表だ。誰かが黒字になるためには、誰かが赤字にならなければならない。

相撲の取り組みを想像してみればいい。大相撲において、全力士が勝ち越すなどということは可能だろうか。もちろん、不可能だ。ある力士が白星になったとき、反対側に黒星の力士が存在する。さらにいえば、勝ち越した力士の反対側には、必ず負け越した力士がいる。

黒字、赤字も同じである。

「誰かの黒字は、誰かの赤字」

これは、地球上で暮らす限り絶対に覆せない普遍的法則になる。ちなみに、普遍的とは、全てに当てはまる、全てに共通するという意味だ。

日本政府は、PB黒字化目標を維持している。政府の収支の黒字化を目指すという話だが、本当にＰＢ黒字化が達成されたとき、反対側に必ず「赤字化した」もしくは「黒字が減った」誰かが存在することになる。

政府のＰＢ黒字化により、赤字化するのは誰なのか。もちろん、日本国民だ。ＰＢ黒字化目標とは言葉を換えれば、「国民赤字化目標」なのである。我々は「自分を赤字化させる目標を掲げた政府」を頂いていることになる。冒頭に記した主要国の中で日本の労働者の賃金のみがマイナスとなっているのもここに起因する。

逆に、政府がＰＢ赤字を拡大すれば、その分、我々の黒字が増える。より具体的に書くと、銀行預金の残高が増える。実は、財政赤字とは「政府の貨幣発行」そのものなのである。政府の負債（国の借金）は、政府の貨幣発行残高だ。まとめると、

「政府の国債発行＝財政赤字は、国民への貨幣供給」

「政府の支出は、国民の所得創出」

である。右記は「説」ではなく、単なる現実だ。誰にも否定することができない。

適切なインフレ率が維持される限り、貨幣発行や予算の制約はない

無論、財政赤字が政府からの貨幣供給に過ぎないからといって、

「日本政府は無限に国債を発行し、財政支出をして構わない」

という話にはならない。貨幣発行、予算の制約はないが、経済において「供給能力」という限界に突き当たる羽目になる。

図①において、政府がいきなり建設企業に対し、

「予算はあるから、巨大な橋梁を3本、同時に建設して欲しい」

と、公共投資の発注をかけたらどうなるだろうか。建設企業側には、技術や機材、人材が、一つの橋梁を建設する分しかない。となると、確実に各種のリソースの調達コストは上がる。つまりは、建設企業がより高い金額を出さなければ、人材や機材の確保が不可能になるわけである。となると、当たり前の話として、建設サービスの価格は上がっていく。インフレ率の上昇だ。

インフレ率の上昇は、適切な水準（日本でいえばGDPデフレーターベースで2％程度）であれば、企業にとって、

「借金して投資しても、儲かる」環境が提供されるため、投資拡大により経済成長に貢献する。たとえば、2％のインフレ率の環境で100億円を投資したとして、

「借金100億円の実質的な価値が毎年2％程度下がり、さらに生産した財やサービスの価格が2％上昇していく」わけで、負債を増やして投資を拡大すれば、確実に儲かる状況になるのである。

もっとも、当たり前だが「適切なインフレ率」を超えて物価が上昇していくと、国民生

活はひたすらダメージを受ける羽目になる。特に、所得の伸びが物価上昇に追い付かない場合は、いわゆる実質賃金が低下し、国民が貧困化してしまうのだ。

というわけで、政府は供給能力と総需要のバランスを観察し、適切なインフレ率が維持される限りにおいて「貨幣発行や予算の制約がない」というのが正しい表現になる。

図②の左側、総需要が本来の供給能力を上回っている状況をインフレギャップと呼ぶ。もっとも、総需要とは支出面の名目ＧＤＰそのもので、購入された財やサービスの総計でもある。インフレギャップが「計算」されるとなると、供給能力を超える、生産不可能な財やサービスが買われているという意味不明な話になってしまう。図②のインフレギャップは、あくまで概念である。インフレギャップを「計算」することはできない。

インフレギャップとは、

「我が社は一日に90個の生産能力しかないが、顧客から一日に１００個の発注がきた」

という状況である。となれば、企業は生産能力を高めるために設備投資し、人材を確保し、生産コストの上昇が物価に反映されることになる。つまりは、インフレ率が上昇する。

それに対し、図②の右側、デフレギャップの場合、本来の供給能力を総需要が下回っている。インフレギャップとは異なり、デフレギャップは計算が可能だ。

「我が社は一日に１００個の生産能力があるが、顧客からは一日に90個の発注しかこない」

図② インフレギャップとデフレギャップ

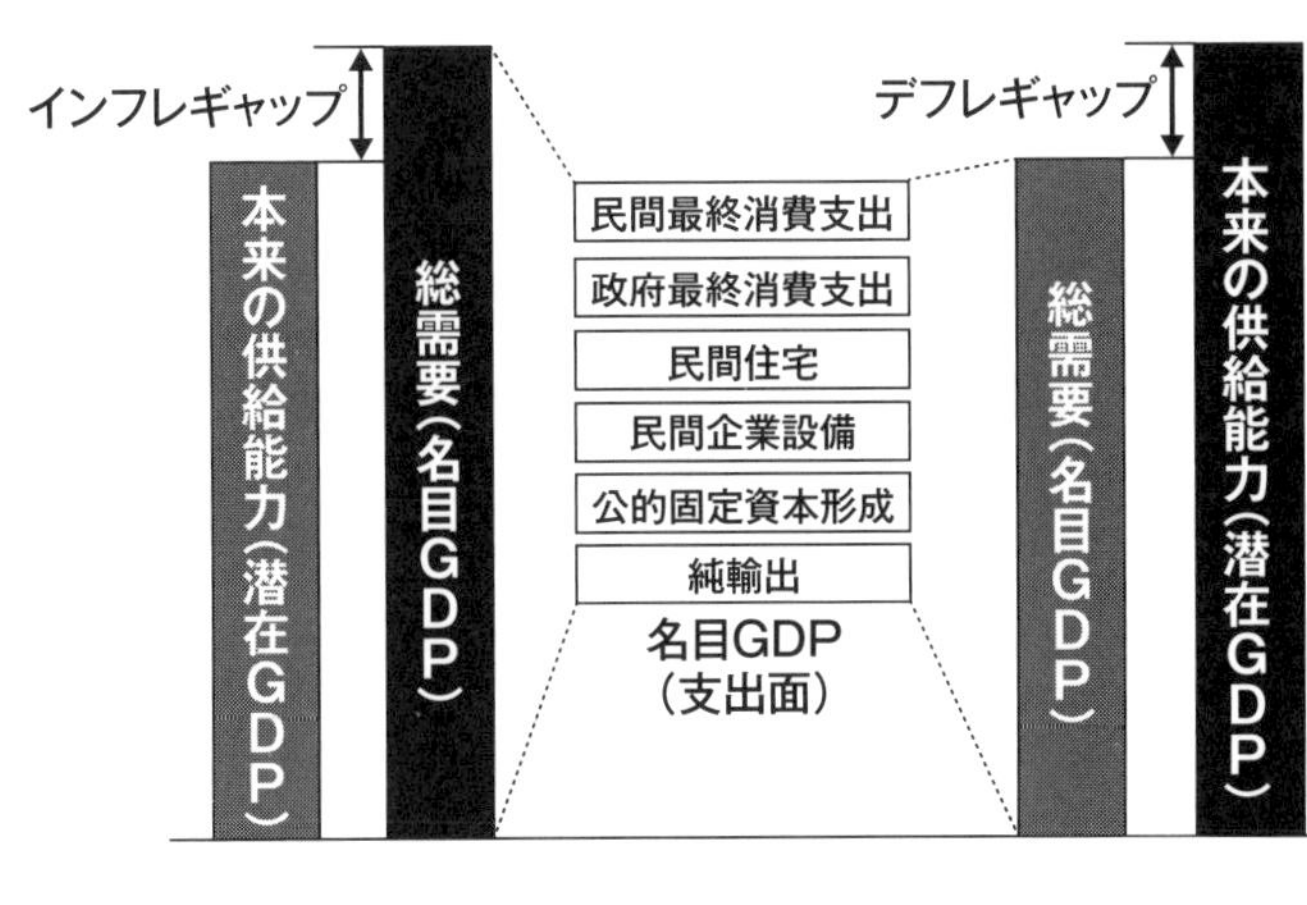

という状況である。この場合、デフレギャップは「10個」になる。

実際に購入された「結果」である総需要（＝支出面の名目ＧＤＰ）が不足している以上、生産能力は過剰になっているわけだ。となると、モノ余りとなり、価格競争が激化する。物価が継続的に下がり、デフレーションが深刻化していく。

インフレとデフレは「貨幣の発行量」では決まらない。インフレ率を決定する要因は、図②の総需要と供給能力のバランスなのである。

たとえば、日本銀行が１０００兆円分の現金紙幣を印刷し（実際に印刷するのは国立印刷局だが）、荒川の河原で全て燃やしてしまった。その場合、まさに１０００兆円分の貨幣が発行されているわけだが、インフレ率は上昇するだろうか。上昇するはずがない。財やサービスが全く買われていないのだから当然だ。

逆に、100万円分の現金紙幣が印刷され、全額が財やサービスの購入に回ったとき、極わずかではあるものの、インフレ率は上昇方向に動く。当たり前の話だが、物価が上昇するとき、あるいは経営者が価格を引き上げようと考えるときとは、自分たちが生産している財やサービスが「たくさん買われたとき」あるいは「たくさん買われるとき」であり、例外はない。どれだけ莫大な貨幣が発行されたとしても、財やサービスが一切買われないならば、物価はピクリとも動かない。

図①のケースでは、物価は上昇方向に動くだろう。理由は、政府が国債を発行したためではない。建設企業が生産した「建設サービス」が、政府に購入されて、インフレ率が（わずかだが）上昇するのである。

ちなみに、日本銀行の貨幣発行は、日銀当座預金の残高を増やすことが基本だ。日銀が国債などを購入した際に、市中銀行が日銀に保有する当座預金残高が増える。日銀は、自行の当座預金について、必要があれば現金紙幣に交換する義務を持つ。つまりは、市中銀行が日銀当座預金の現金化を求めた際に、初めて現金紙幣が「印刷」される。

当たり前だが、日銀がどれだけ貨幣を発行したところで、その時点で何らかの財やサービスが買われているわけではない。単に、キーボードで市中銀行が保有する日銀当座預金の数字が増えるに過ぎない。というわけで、日銀が多額の貨幣を発行したところで、インフレ率は上昇しない。図②の「総需要」が増えず、「本来の供給能力」とのバランスが変化しない以上、当たり前である。

中央銀行が発行した貨幣とインフレ率は無関係

日銀に限らず、世界中のあらゆる中央銀行が貨幣を「発行するだけ」ではインフレ率は変わらない。Ⅱ（10ページ）の考え方のバックボーンとなっている主流派経済学によれば、貨幣を発行すれば「貨幣＞財・サービス」となり、インフレ率は上昇するはずなのだが、現実は異なる。なぜなら、中央銀行の当座預金（日本の場合は日銀当座預金）は、政府と市中銀行などの金融機関しか口座を持てず、一般企業や家計は利用できない貨幣なのだ。

中央銀行が発行した貨幣とインフレ率が「無関係」である事実を証明したのが、実は我が国である。日本は、2013年以降、安倍政権下で大規模な量的緩和（※国債の買取と、日銀当座預金の発行）を繰り返した。いわゆる「異次元の金融政策」であるが、日本は金融政策（貨幣発行）によりデフレから脱却することに完全に失敗した。

図③の通り、日本のマネタリーベース（ほとんどが日銀当座預金）は2012年末から2019年末にかけ、何と380兆円も増えた。つまりは、日本銀行が市中銀行から国債

図③　日本のマネタリーベース（左軸）とインフレ率（右軸）

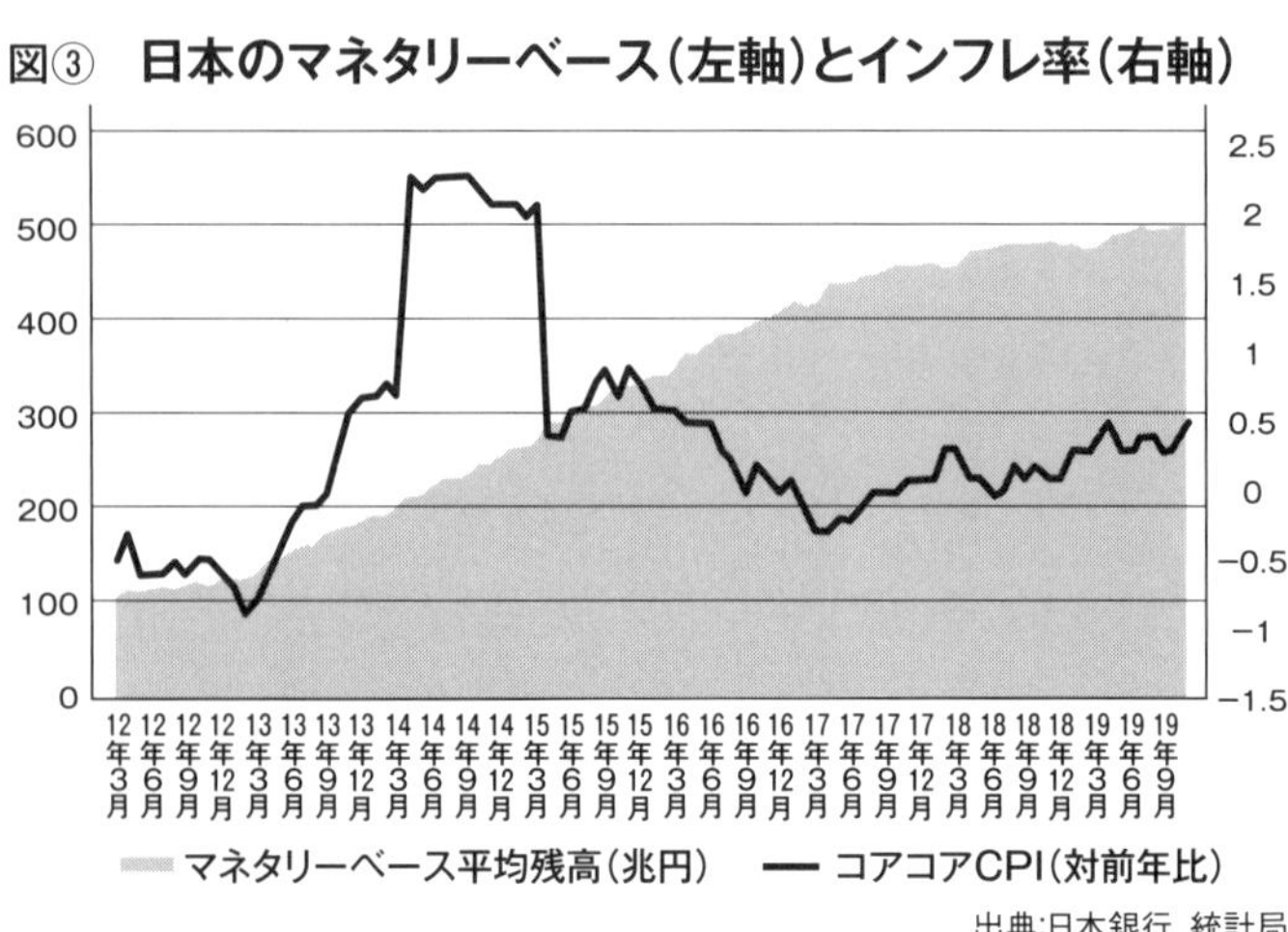

出典：日本銀行、統計局
※コアコアCPI：食料（酒類除く）・エネルギーを除く消費者物価指数

を買い取り、日銀当座預金を発行するオペレーションを延々と繰り返したのだ。ところが、インフレ率がまともに上昇したのは、2014年4月のみ。つまりは、消費税増税により強制的に物価が引き上げられたのを除くと、常に0％前後に低迷したのである。

「貨幣を発行すると、インフレ率が上昇する」

といった幼稚な主流派経済学の認識が完璧に間違っていることを、我が国の実績が証明したのだ。というよりも、日銀がどれだけ莫大な貨幣を発行したところで、政府が緊縮財政を継続し、国内の「財・サービスの購入」を減らしている状況で、物価が上がるはずがない。

筆者は2013年時点からそのように主張してきたのだが、当時は、

「ならば、日銀が100兆円のお金を発行しても、物価が上がらないというのか!?」

などと、鬱陶しい反論を受けたものだ。当然、筆者は、

「日銀がどれだけ日銀当座預金を増やしたところで、財やサービスが買われないのでは、インフレ率は上昇しようがない」

と、反論し続けたわけだが、どちらが正しかったのか、説明は不要だろう。何しろ、100兆円どころか380兆円もの貨幣（主に日銀当座預金）が発行されたにもかかわらず、デフレ脱却を果たせなかったというのが、日本の現実なのだ。

日本経済をデフレから脱却させるためには、図②（27ページ）の右側、デフレギャップを埋める以外に方法はない。そして、デフレギャップは誰かが財やサービスの購入を増やす、つまりは需要を拡大しない限り埋まらない。

もっとも、デフレという「貧困化」の時代、民間の家計は「節約」をすることが合理的になる。そもそも、デフレでひたすら実質賃金が下がっている国民が、消費を増やすはずがない。しかも、日本政府（というか、財務省）は繰り返し「消費に対する罰金」である消費税を増税した。貧困化が進む中、消費に対する罰金である消費税が増している以上、日本の家計が率先して消費、つまりは図②の「民間最終消費支出」という需要を拡大することはない。

また、デフレ下の日本では貧困化に加え、雇用の不安定化が進んだ。正規社員が非正規

に切り替えられ、パート・アルバイト・派遣社員といった雇用形態で働く人が増えた（現在は約4割にも及ぶ）。将来は常に不安定で、来年の雇用や所得も確かではない。しかも派遣社員のほとんどの平均年収は200万円以下だ。そんな国民がローンを組み、住宅を建築、購入するはずもなく、図②の「民間住宅」は低迷した。

さらに、デフレとは全体的に需要＝市場が縮小する経済現象だ。市場が停滞する、あるいは縮小している時代に、設備投資を増やす経営者はいない。理由は、市場がないにもかかわらず設備投資をすると、普通に倒産してしまうためだ。デフレが継続している以上、図②の「民間企業設備」も増えない。

企業や家計といった民間経済にとって、デフレ期には「節約」が合理的になるのだ。逆にいえば、支出を拡大し、消費・投資といった需要を増やすことは非合理的だ。

だからこそ、政府の出番なのである。政府が国債発行と財政支出という「民間への貨幣供給」により、需要を拡大するべきなのだ。具体的には、図②の「政府最終消費支出」や「公的固定資本形成」を増やす。あるいは、減税や所得移転（給付金など）を拡大し、民間に貨幣を移転する。特に、「消費に対する罰金」である消費税を減税もしくは廃止することは、需要拡大という目標を達成する上で、非常に効果的だ。

要するに、1997年以降の日本政府の政策の「真逆」が正しいのである。緊縮財政ではなく、財政拡大。そういうことを主張すると、即座に、

「国の借金を増やすのか!」

といった条件反射的な批判を受けるわけだが、国の借金=政府の貨幣発行残高である。政府がデフレ脱却を目指し、貨幣発行(※実際には国債発行+財政支出)により需要を創出し、デフレギャップを埋める。国民が保有する貨幣が増え、貧困化から解消される。インフレ率が適正な水準で推移するようになれば、企業が負債を拡大しても投資するようになり、日本経済は1980年代まで続いた継続的、循環的な成長路線に戻る。一体全体、何が問題なのだろうか。


政府の国債発行残高が増えるのが気に入らないならば、日本銀行が日銀当座預金を発行し、市中銀行から国債を買い取ってしまえば話は終わる。以前(第二次安倍政権発足前)は、

「日本銀行が国債を買い取ると、ハイパーインフレーション(※インフレ率1万3000%)になる!」

などと、狂気の反論を受けたものだが、現実はどうだっただろうか。2013年以降、日本銀行は380兆円もの貨幣を発行し、国債を買い取り続けたにもかかわらず、インフレ率はほぼゼロ。ハイパーどころか、日銀のインフレ目標2%すら達成できていない。

「ならば、政府はどこまで借金を増やすことができるのか?」

との疑問を持たれた方がいるかもしれないが、インフレ率が適正水準以下で推移する限

図④　日本の政府の長期債務残高（左軸）とインフレ率（右軸）

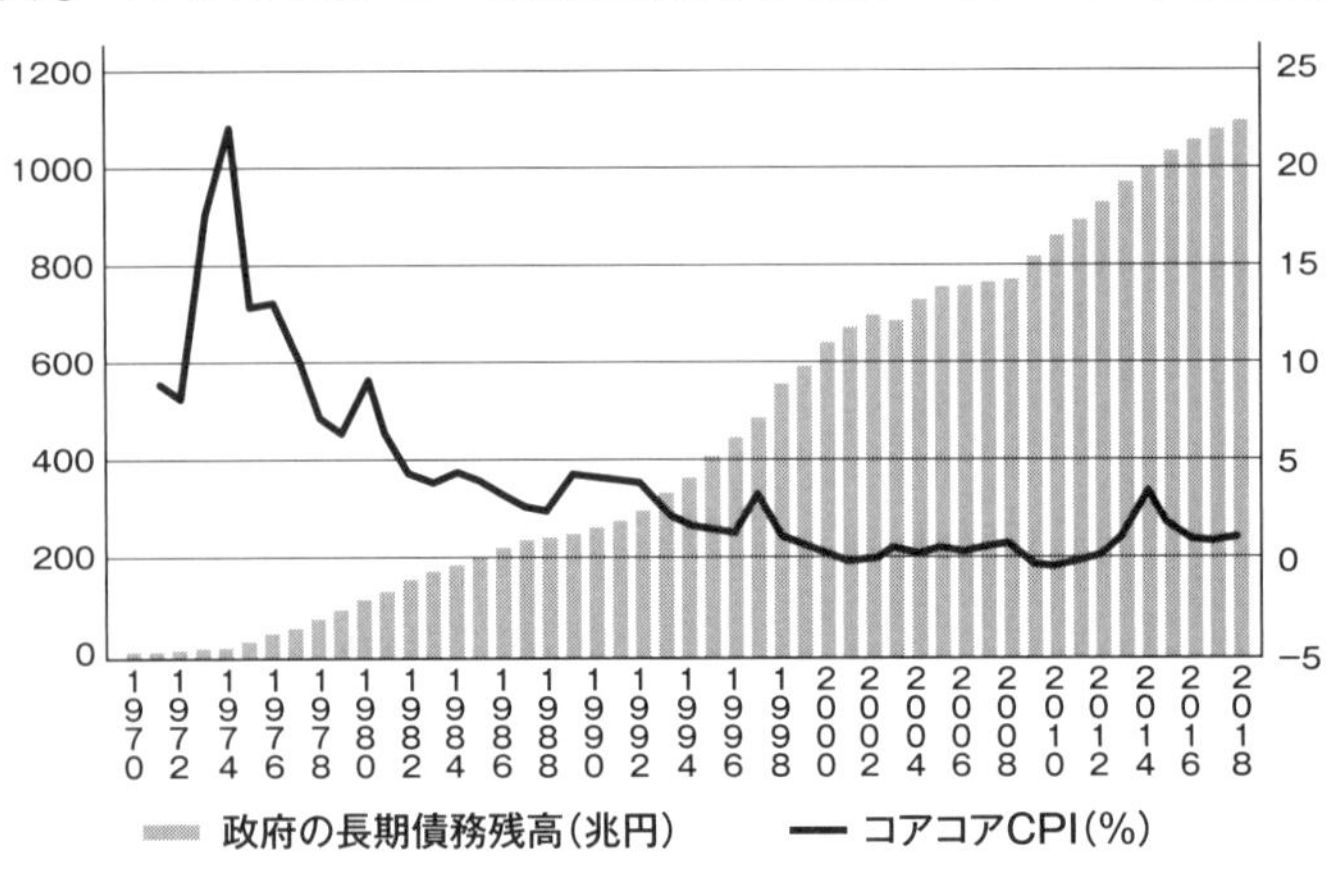

出典:財務省、統計局

り、国債発行残高はどこまでも増やして構わない。

　そもそも経済成長する国では、当たり前の話として政府の負債は増えるのだ。実体経済の規模が拡大しているにもかかわらず、政府の国債発行＝貨幣供給が不足すると、確実にデフレになる。というよりも、現在の日本がまさにその状況に陥っている。

　図④の通り、１９７０年度から２０１８年度まで、政府の長期債務残高、つまりは「貨幣発行残高」は１５０倍になっている。それに対し、インフレ率はバブルが崩壊した１９９３年度以降、消費税増税期（１９９７年度、２０１４年度）を除き、１度も２％に達したことはない。つまりは、１９９３年度以降の日本のインフレ率は、常に低すぎるのだ。特に状況が悪化したのは、１９９７年の緊縮財政により、日本経済が完全にデフレ化した以降だが、それ以前にしても別に高くはない。

要するに、バブル崩壊後の日本政府は「負債の拡大が少なすぎた＝貨幣の発行が少なすぎた」のである。結果的に、インフレ率は２％未満という「不適切に低い水準」で延々と推移を続けた。バブル崩壊後の１９９３年度から２０１８年度で見ると、政府の長期債務残高は約３・３倍になっているが、これでも少なすぎるのである。

日本の衰退は政策の必然

政府が十分に貨幣を発行しなかった（＝国債発行や財政支出を増やさなかった）結果、我々日本国民はひたすら貧困化し、日本は社会にルサンチマンが溢れ、ナショナリズム（国民の連帯意識）は破壊され、さらには安全保障に対し極めて脆弱になってしまった。大震災はもちろん、豪雨災害や台風被害、あるいは「疫病襲来」に対し、政府がまともに対応できず、国民が死ぬ。
つまりは、現在の日本政府が採るべき政策は、右記を踏まえた上で、
Ⅰ：国民が豊かに、安全に暮らせる経済を望む。
の価値観に基づき、国債発行や財政支出を拡大することなのである。ところが、現実には、

Ⅱ：自分一人が得をするならば、自分以外の国民が貧困化しても構わない。

という、実にエゴイスティックな価値観の政策ばかりが推進されている。政府の貧困化政策は、国民を自殺に追い込む。Ⅱの政策は、国民殺しの政策なのである。

国民が所得を稼げなくなり、絶望して自殺する。家庭が崩壊する。安全な食べ物を手に入れることすら次第に困難になりつつある。親の所得が理由で、子供たちが進学することができない。あるいは、大学に入ったものの、「金利」付の奨学金に頼らざるを得ず、卒業と同時に借金生活。教育、医療、科学技術、全ての品質が落ちていき、最終的には病気になっても医者がおらず、朽ちていく建物やインフラのメンテナンスすらできない。やがては自国の企業や技術、人材では高層ビルや橋梁を建設することすら不可能な「衰退国」へと退化していく。

ひたすら貧困化が進む中、人々がいがみ合い、憎しみ合い、罵り合い、特定の誰かを悪者に仕立て上げる政治手法が大流行し、もはや国民の連携など望むべくもなくなり、非常事態が発生した際に「被災者」となった人に対し、

「それは、本人の自己責任」

と、冷たく切り捨てる者が増え、社会全体がすさんでいく。

これが、日本国の現実だ。

だが、これは日本の運命でも未来でもない。日本国家がひたすら衰退を続けているのは、

単に政策の必然なのである。何しろ、1990年代後半以降、ひたすらⅡの価値観に基づく政治が我が国で行われてきたのだ。

なぜそうなってしまったのか。理由は大きく二つあり、一つ目が「主流派経済学」、二つ目が「Ⅱの勢力の政治力」である。

主流派経済学は、貨幣観を間違えているために、極度のインフレ恐怖症に陥っている。主流派経済学は、

「生産のために投入されるリソース（設備、人材、技術など）1単位当たりの生産量が次第に減っていく」

いわゆる「収穫逓減」の時代に端を発しているのだ。収穫逓減の環境下では、供給能力や実際の生産量が増えにくく、インフレ恐怖症に陥るのは分からないでもない。とはいえ、産業革命から現代に至るまで、さまざまな技術が進化し、生産性（一人当たりの生産量）は大幅に向上した。さらには、規模の経済、範囲の経済、ネットワーク経済などの効果により、投入されるリソース1単位当たりの生産量は増加傾向にある。つまりは、収穫逓増にパラダイムシフトを遂げたのが現代の資本主義経済なのである。

それにもかかわらず、デフレという物価の低迷、総需要の縮小に悩む日本において、インフレ恐怖症の主流派経済学に基づく経済政策が推進されたのだ。我が国のデフレーションが、人類史上、空前の長さで継続しているのは、至極当然だ。

図⑤　Ⅰ派、Ⅱ派の「考え方」に基づく政策の相違

	Ⅱ派	Ⅰ派
基本的価値観	経済は〝自然現象〟である	経済は〝不確実〟である
経済政策の目的	インフレーション抑制	完全雇用と国民所得増大
財政観	財政均衡主義	機能的財政論
雇用	非自発的失業者は存在しない	非自発的失業はあり得る
デフレ政策	中央銀行による貨幣発行	政府による有効需要の拡大
貨幣観	商品貨幣論(=おカネのプール論)	信用貨幣論
財政政策	常に均衡財政を目指す	インフレ率を見ながら調整
貿易	自由貿易	経常取引に限定
人手不足	移民で解決	生産性向上で解決
生産量	収穫逓減	収穫逓増
経済の管理者	市場(=神の見えざる手)	政府(=国会議員=国民)

※有効需要:GDPとなる需要。つまりは、実際に消費や投資として支出される貨幣という意味である。
(潜在的な需要ではないからこそ、有効需要とよばれる)

図⑤は、経済に関する「考え方」について、あらためてⅠ派とⅡ派の違いをまとめたものだ。現在の主流派経済学は、基本的にはⅡ派に属している。経済学者本人たちが、
「自分一人が得をするならば、自分以外の国民が貧困化しても構わない」
と考えているとまでは、さすがに断定しないが、彼らの考え方がⅡ派の政策の思想的バックボーンになっているのは確実だ。つまりは、主流派経済学者の多くは「国民殺し」に加担している。

両派は、そもそも基本的な価値観からして異なる。Ⅱ派の経済学者たちは、経済を自然現象として捉え、自然環境同様に、特定の何らかの法則があると考える。つまりは、経済における「万有引力の法則」を追い求めるわけだ。だからこそ、経済学者は法則（セイの

法則など）、理論（リカードの比較優位論、トリクルダウン理論）、モデル（マンデル＝フレミング・モデル）など、特定の条件下でなければ成立しえない理屈を、万有引力の法則のごとく振りかざす。経済を管理する者は、神ならぬ「市場」だ。つまりは、全てを市場に任せ、**政府の規制や関与は可能な限り排除**した方が、経済は上手くいくと説く。重要なので繰り返すが、Ⅱ派は「政府の規制や関与は可能な限り排除」するべきと主張している。

当然ながら、財政は均衡を目指す。つまりは、政府は「歳入の範囲で歳出するべき」というわけで、現在の日本でいえば「ＰＢ黒字化」である。

また、雇用についていては、Ⅱ派は常に完全雇用が成立し、非自発的失業者はいないと主張する。しかし、現実には非自発的な失業者は存在するわけで、それに対しⅡ派は、「政府の余計な雇用規制があるため、雇用のミスマッチが生じ、非自発的失業者がいるように見えるだけである。政府の雇用規制を撤廃するべき」と、説明する。政府の雇用規制撤廃とは、具体的には最低賃金制度の廃止や、経営者に残業代の支払いや正規雇用を強いる労働基準法（※日本の場合）の撤廃などである。あるいは、それまでは禁じていた「派遣社員」の解禁や、社員のフリーランス（個人事業主）化推進も該当する。

貨幣観が「商品貨幣論」であるため、主流派にとってはデフレ期であろうとも財政拡大はご法度。というよりも、それ以前にⅡ派は「デフレ」について、総需要の不足ではなく

「貨幣の不足（マネーの不足）」と認識する（あるいは、認識したフリをする）。だからこそ、デフレという「消費や投資という需要」が不足している国において、
「デフレは貨幣現象。貨幣を（中央銀行が）発行すれば解消する」
という、奇妙奇天烈な説が広がった。実際に、中央銀行が380兆円もの当座預金を発行したにもかかわらず、反対側で政府が緊縮財政を継続し、デフレ脱却に失敗した愚かな国こそが現在の日本なのである。

必要なのは、政府による規制緩和ではなく規制強化

外国とのモノ、ヒト、カネといった「経営の三要素」の移動は、自由化する。関税や数量規制で国内産業を保護するなど、もってのほか。資本（工場など）も国境を越えた移動を自由化。外国人観光客はもちろん、外国人労働者であっても、制限なしで受け入れる。人手不足も、移民で解消する。

この種の「考え方」の根本には、貨幣観の間違いと、収穫逓減に基づく「インフレ恐怖症」があるわけだ。

それに対し、I派の考え方は、経済を自然現象ではなく「不確実な人間の営み」として捉える。そもそも、不完全で不確実で不安定な人間の経済行為が、自然現象のごとく収ま

りがいいはずがない。経済の世界では、木の上から落ちたリンゴが「上昇する」可能性もゼロではないのだ。

だからこそ、経済はある程度は「国家」「政府」によりコントロールされなければならない。国民の雇用や所得が不安定化し、社会にルサンチマンが蓄積されていくと、管理者たる国家が揺らぐ。特に、デフレ期の政府は財政支出を拡大し、国民の「普通の暮らし」「安全な暮らし」を守らなければならない。

必要があれば、貿易や資本、資金の移動、ヒトの行き来を規制、制限しても構わない。そもそも、そのために「国境」があるのだ。

また、収穫逓増の時代には、生産力が過大になり、経済がデフレ化しやすい。政府はインフレ率を見ながら、国債発行や財政支出、あるいは税制で需要を調整しなければならない。つまりは、機能的財政論である。

現代の貨幣について、信用貨幣論に基づき正しく認識すれば、デフレや低インフレに悩む国が、何をすればいいのかは一発で分かる。もちろん、国債発行と財政支出の拡大、さらには「政府による規制の強化」だ。どうしてもデフレで失業率が上昇し、雇用が不安定化している国では、雇用主（企業側）のパワーが高まってしまう。逆にいえば、労働者が弱くなるという話だが、そんな時期に「労働規制の緩和」などとやった日には、人々の労働が買い叩かれるに決まっている。実質賃金が下がり、将来不安から消費が伸び悩み、デフレーションが継続することになる。

デフレの悪循環を断ち切るためにも、少なくとも「今の日本」は、財政は拡大、労働規制をはじめとする国内の経済規制は強化、さらにはモノ、ヒト、カネの国境を越えた移動は制限しなければならない。「今の日本」と書いたのは、経済が過熱し、インフレ率が健全な範囲を超えて上昇する場合、解決策がまるで違ってくるためだ。インフレ率が2％、3％を超え、5％、10％と上昇していく局面ならば、財政は当然ながら均衡を目指す。財政支出は抑制気味とし、規制も「国民に不利益にならない」のであれば、緩和し、競争を強化して構わない。外国とのモノ、ヒト、カネのやり取りについても、国家の安全保障に悪影響を与えない範囲で「自由化」するべきである。

要するに、Ⅰ派とⅡ派の違いは、Ⅱ派（＝経済学）が、

「いついかなる場合であっても、常に政府の経済への関与は小さくするべき」

という、恒常的「小さな政府論」であるのに対し、Ⅰ派は、

「状況に応じて、政府の機能を大きくしたり、小さくしたりするべき」

と、機能的に考える点なのだ。

過去数百年も続く、Ⅰ派とⅡ派の争いについて、「小さな政府派と大きな政府派」と認識することは間違っている。厳密には「小さな政府派」と、「機能的政府派」との闘争なのである。

ところで、現在の主流派経済学は、収穫逓増の経済において「インフレ恐怖症」という奇妙な病に冒されているが、彼らの主張に従った経済政策の継続こそが、実は将来的なインフレリスクを高めるという事実を指摘しておこう。再び、図①を見て欲しいのだが、政府の1000億円の公共投資による橋梁の建設により、

●政府は実質的な負債を増やすことなく、公共投資で橋梁を建設し、1000億円分の国富が増えた（橋梁のようなインフラは生産資産という「国富」の一部を成す）。

●民間（企業、家計）に1000億円の所得が創出され、銀行預金残高が1000億円分増えた。

という結果になった。とはいえ、経済的な効果はこれに留まらない。

橋梁が建設され、交通の便が良くなれば、企業の投資意欲は高まる。交通の便がない地域に工場を建設する企業はない。たとえば、新たに建設された橋により、川の向こうと容易に行き来が可能になってはじめて、企業は投資を決断する。

また、民間の所得が1000億円増えた結果、当然ながら消費は拡大し、やはり企業の投資意欲が高まる。企業が投資をすれば、供給能力が高まっていくため、将来的なインフレのリスクは縮小する。

図②の「本来の供給能力」が高まることで、総需要の拡大に対応可能になるわけだ。つまりは、インフレギャップが限度を超えて拡大していくことを防ぐことができる。

ところが、主流派経済学の主張通り、政府が「財政均衡主義」を貫き、最低限、必要なインフラ整備すらしないとなると、国富である生産資産（交通インフラ、工場、設備など）が増えない。さらには、民間の所得も、銀行預金残高も増えないため、家計は消費を手控え、企業は投資せず、次第に供給能力が毀損していく。

生産設備やインフラは劣化する。だからこそ「減価償却」という仕組みがあるのだ。一度、建設されたインフラや工場、設備、機械、運搬車両が、未来永劫、永遠に利用可能なはずがない。

消費や投資といった需要が拡大せず、デフレーションが続くと、失業者が増え、さらに需要が減る悪循環に突っ込む。「需要＝市場」だ。市場が拡大しない以上、企業は投資するどころか、工場を閉鎖し、設備は破棄。技術は離散し、人材も失われ、供給能力がひたすら落ち込んでいく。

最終的には、「総需要＞供給能力」のインフレギャップが拡大する局面に突入し、インフレリスクが一気に顕在化することになる。

主流派経済学者のインフレ恐怖症による財政均衡主義こそが、収穫逓増の時代においては、経済力そのものである供給能力の拡大を妨害し、それどころか縮小させ、将来的にインフレを引き起こすのである。

ここまで根底から間違っている経済学の考え方、図⑤（38ページ）の「Ⅱ派」の経済政策が、なぜ日本国において容赦なく推進されるのだろうか。理由は先述の通り、Ⅱ派の政治勢力が強大だからだ。

具体的には、アメリカに象徴されるグローバリスト、日本国内の経団連を代表とする経済界、そして財務省である。

安倍政権下で行われた国家破壊

図⑤の「Ⅱ派」の政策は、主に三つに整理することができる。緊縮財政と、規制緩和、そして自由貿易だ。2012年末の第二次安倍政権発足以降、推進されてきた政策を分類してみよう。

1. 緊縮財政：PB黒字化目標、新規国債発行減額、消費税増税、公共投資や地方交付税交付金、科学技術予算や教育支出、防衛費、防災費、診療報酬、介護報酬削減。公共病院統廃合、病床（ベッド）の削減。国民の社会保障負担の引き上げ（高齢者の窓口負担引き上げなど）。ふるさと納税ワンストップ特例制度。第二次安倍政権以降に始まったわけではないが、市町村合併や「ふるさと納税」も、中央政府から地方への支出を節約する緊縮財政の一種になる。

2. 規制緩和：労働規制の緩和（派遣拡大、高度プロフェッショナル制度〈「残業代ゼロ制度」等〉、コーポレートガバナンス改革、混合診療（患者申し出療養）拡大、水道など公共サービスの民営化、有害なグリホサートなどの安全基準引き上げ、種子法廃止、農協改革、農地法や農業委員会法の改訂、漁業法改訂、国家戦略特区、電力自由化、民泊や白タク解禁、シェアリング・エコノミー推進、IR法（カジノ解禁）、法人税減税。法人税減税は「企業への徴税という規制緩和」という意味で、規制緩和の一部を成す。

3．自由貿易：TPPや日米FTA、日欧EPAなどの自由貿易協定。出入国管理法改定による移民受け入れ拡大。観光業のインバウンド（外国人観光客）依存推進のためのビザ緩和。外国人の土地購入推進。

こうして並べてみると、安倍政権下で実に多種多様な「Ⅱ派」の政策が進められたことが改めて理解でき、愕然とする。まさに「国家破壊」だ。

ちなみに、筆者は緊縮財政と規制緩和、自由貿易という三つの政策パッケージについて、まとめて「グローバリズムのトリニティ（三位一体）」と呼んでいる。理由は、三つの政策パッケージは、必ず「同時」に進められるためだ。

というよりも、まずは緊縮財政ありき、なのである。緊縮財政が前提で、社会や経済の問題を解決しようとすると、規制緩和や自由貿易が正当化される。あるいは「正当であるかのごとく聞こえる」のだ。

一つ、典型的な例を挙げてみよう。

2012年末の第二次安倍政権発足以降、我が国の観光業では「インバウンド」という言葉が流行した。インバウンド、すなわち訪日外国人観光客に依存した観光業の興隆である。また、訪日外国人観光客による消費をインバウンド消費と呼ぶ。安倍政権は、国内旅行が低迷する中、地方創生の一環ということで、インバウンドを成長戦略の中心に据えたのだ。だが、外国人旅行者が増えたのは、相対的に「円」の価値が下がり、割安になったためにすぎない。諸手を上げて喜ぶことではない。

そもそも、日本国民が気軽に海外旅行に行けなくなったのは、1997年に始まったデフレーションで、国民が貧困化したためだ。デフレ環境下では、物価は確かに下がるのだが、生産量も減少してしまう。理由は簡単、財やサービスが買われないためだ。厳密には、財やサービスの購入「量」が減る。

GDPとは、国内の生産量の合計であり、生産された財やサービスに支払われた金額の合計であり、結果的に創出された所得の合計でもある。デフレーションは、総需要が不足する現象と書いた。総需要（財やサービスの購入金額の合計＝GDP）が減少すると、国民の実質的な所得が減ってしまう。ミクロな指標で言えば、実質賃金の低下だ。

ちなみに、名目賃金は「価格×生産量」であるため、物価が上がるだけで増える。それに対し、実質賃金は「価格」の影響を排除するため、生産量とイコールになる。デフレ期には、物価の下落と同時に「生産量の減少」が発生し、それがそのまま実質賃金の低下に結びついてしまうのだ。

図⑥の通り、日本国民の実質賃金は「デフレ元年」である1997年をピークに、ひたすら下がり続けた。貧乏になった国民は、次第に「余暇」「娯楽」にお金を使うことが困難になっていく。

東京一極集中が未だに続いているため、人口流出に悩む日本の「地方」は何らかの「需要」を必要とした。本来であれば、政府が公共投資で全国各地を交通インフラ（高速道路、新幹線など）で結ぶプロジェクトを進めれば、

1、東京一極集中の解消。

2、地方経済の発展。

3、地方の住民の実質賃金上昇。

4、大都市圏（東京圏など）からの日本人観光客獲得による観光業の発展。

と、一石何鳥にもなるわけだが、何といっても我が国は緊縮財政。肝心かなめの「公共投資による地方の交通インフラの整備」ができない。

そこで、

「外国人観光客をお迎えし、おもてなしし、日本の先人が残してくれた観光資産を安価に叩き売り、地方経済や観光業を延命させよう」

図⑥　日本の実質賃金の推移(2015年=100)

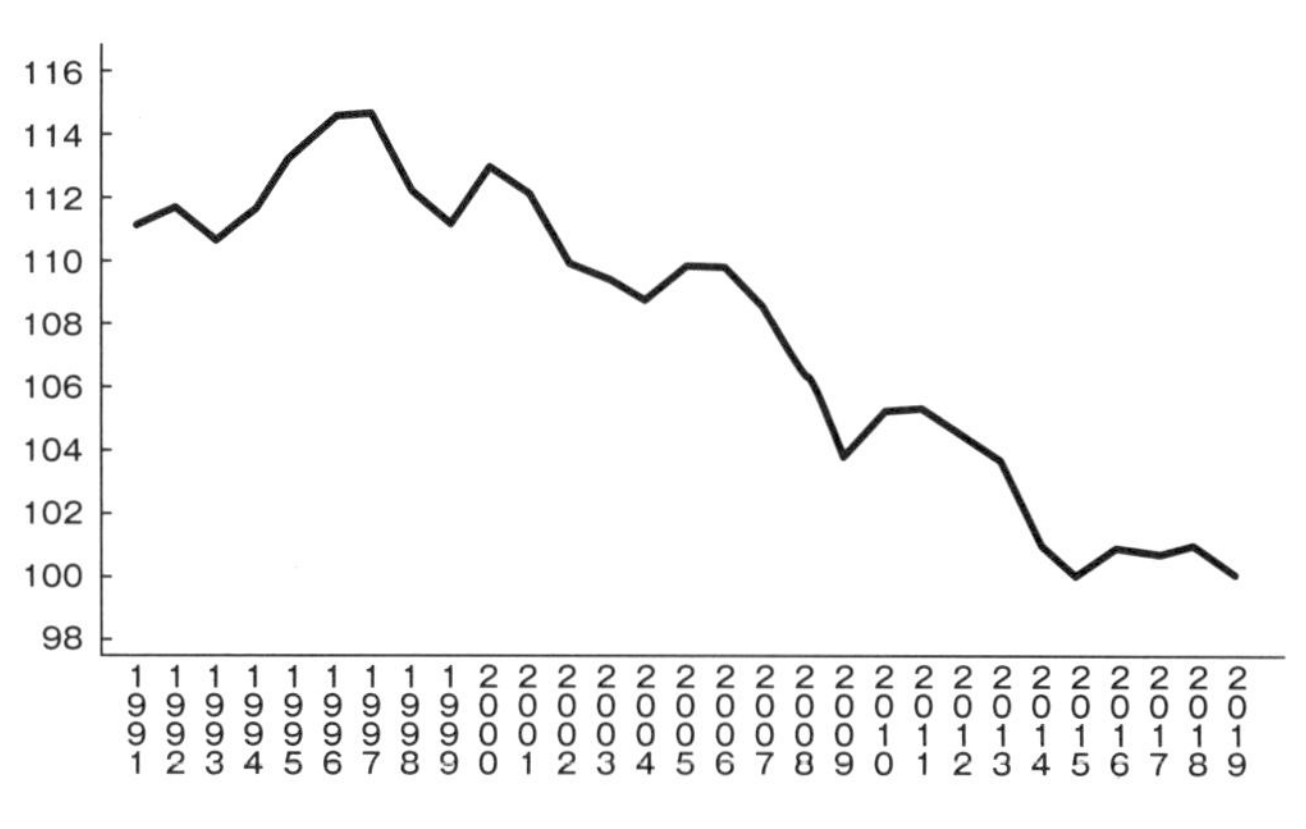

出典:厚生労働省「毎月勤労統計調査」

という、実に嘆かわしく、おぞましく、同時に惨めな「インバウンド戦略」が採用されたのである。

政権自ら「インバウンド成長戦略！　外国人様をおもてなし」などとやっているのだ。訪日外国人数は2013年以降に激増し、2012年が年間約836万人だったのが、2019年には3188万人に膨張した。

特に、中国人への観光ビザを緩和した影響は大きかった。安倍政権下で、外務省は何度も中国への観光ビザの条件を緩め、その度に中国人観光客が増加した。

外国人観光客の激増を受け、

「インバウンドを発展させるためには、さらなる改革が必要だ」

といったレトリックで、これまでは規制されていた民泊や白タクが解禁されていく。すると、これらの分野で大成功を収めているA・i・r・b・n・bやウーバーといったシェアリング・エコノミーのプラットフォームビジネスがぼろ儲けをする。一方で日本の宿泊業やタクシー業界が打撃を受けて衰退化していく。

実際、2018年の住宅宿泊事業法（いわゆる民泊新法）により、民泊は合法化された。さらに、安倍総理大臣は2020年1月の第201回通常国会の施政方針演説において、インバウンドに関連し、

「自家用車による有償の運送サービス制度について規制緩和を行い、外国人観光客の皆さんの地方での足もしっかりと確保いたします」

と、白タクを認める方針を打ち出している。

民泊や白タク解禁で貧困化に拍車がかかる

民泊や白タクが解禁されると、長引くデフレで貧困化した日本国民が「単発の仕事をインターネットで請け負う」ギグワーカーと化し、外国人「様」向けの「安価な宿泊ビジネス」「安価な運送サービス」で競争することになる。雇用や所得の安定が崩れると、将来設計は立てられない。国民は消費を増やすことが不可能になり、デフレが深刻化していくことになるが、

「ならば、インバウンド。国民は外国人観光客様向けに安価な民泊や白タクを提供して小銭を稼げばいい」

と、ひたすら悪循環が続いていくのである。

そもそも、観光業を「成長戦略」に据えるなど、資本蓄積が不十分で、技術力や人材力が劣る発展途上国で採用される政策だ。我が国は、いつから発展途上国に落ちぶれてしまったのだろうか。

日本国民が「普通の雇用」を失い、ギグワーカーとして安定も保証もない状況で酷使され、反対側でシェアエコノミーのプラットフォーマーに手数料が「チャリン、チャリン」と入り続ける。やがて、貧困に苦しむギグワーカーたちはプラットフォーマーが提供するサービスなしでは「仕事ができない」状況に追い込まれ、ひたすら手数料を徴収され続ける。

しかも、民泊にせよ白タクにせよ、既存のホテル・旅館業やタクシー業に比べれば、確実に顧客の「安全」は失われる。宿泊や運送サービスが「安かろう、悪かろう、危なかろう」に変わっていき、いつの間にかそれが日常と化す。

インバウンドによる悪循環をチャート化したのが、図⑦である。

筆者は別に、日本の観光業の発展を否定したいわけではない。とはいえ、観光業の発展の中心は、

図⑦　インバウンドとデフレーション深刻化

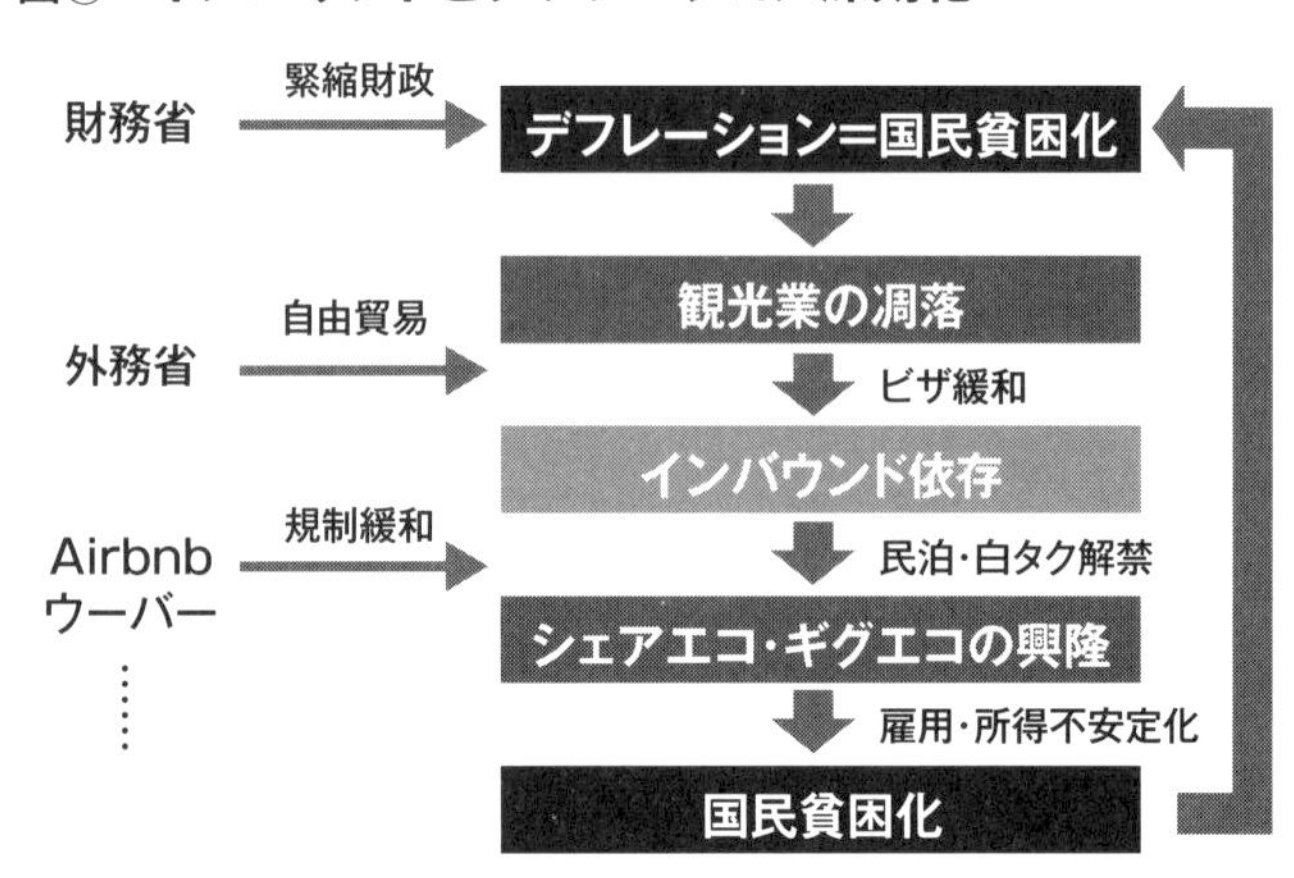

「豊かになった日本国民が、祖国の素晴らしい遺産、文化、伝統、風景を楽しむために観光サービスを消費する」

でなければならないはずだ。

そして、外国人観光客は「贅沢な日本の観光サービス」を羨ましがり、高いお金を出しても訪日することを望む。これならば、理解できる。

ところが、現実に安倍政権下で進められたインバウンド戦略は、我々の先人たちが大切に守り、育て、慈しみ、「将来世代（つまり我々）のために」残してくれた「先祖古来の財産」を切り分け、ビジネスと化し、外国人に安く売り飛ばす行為だった。そのあまりのおぞましさに、筆者は背筋が凍り付いたものだ。

筆者は２０１３年から、安倍政権の「イン

バウンド成長戦略」には猛烈に反対していた。理由は、先の「先人の遺産」問題に加え、
1、外国人に観光サービスを売るよりも、日本経済をデフレから脱却させ、日本国民が国内観光に行けるようにするのが、どう考えても先である。
2、観光サービスに限らず、特定の外国の需要に依存した産業構造は、経済安全保障的に脆弱にならざるを得ない。
3、外国からは「悪しきもの」が入ってくる。具体的には、犯罪、テロ、疫病など。
2020年1月以降、中国・武漢発祥の新型コロナウイルス感染症（COVID‐19。以下、新型コロナウイルス）がパンデミック（世界的な大流行）となった際、筆者の感想は「ほら見ろ！」であった。国民が貧困化する中、インバウンド依存を強めた日本の観光業は、新型コロナウイルスのパンデミックを受け、かつてないほどの苦境にたたきこまれている。そもそも、国境とは外国から襲来する「疫病」といった悪しきものから国民を守るために存在するのだ。「政府は小さくあるべき」というイデオロギーに基づき、国境を引き下げた結果、国民が貧困化し、死んでいく。まさに、国家の店じまいである。

インバウンドの推進と破滅的な「結末」は、日本政府の「国家の店じまい」政策における必然だ。緊縮財政、規制緩和、自由貿易は全て、「もはや国家は国民の面倒を見ない」という宣言そのものなのだ。

店じまい中の店舗が、仕入れのためにお金を支出するだろうか。顧客の要望を受けるだ

ろうか。日本政府は、まさに「支出しない、国民の声を受けない」状況にある。

観光業を発展させたいならば、国内で政府が支出し、デフレからの脱却を目指すべきだが、緊縮財政によりそれはできない。ならばと、国境を引き下げる（ビザ緩和）自由貿易を進め、悪しきものを含む外国人を大量に招き入れ、国内の「国民の雇用や所得を守る規制」を次々に壊していく。家庭でいえば、玄関を開け放ち、大量の「他人」を家の中に入れ、一家の宝を切り売りして日銭を稼ぐようなものだ。

小さな政府、グローバリズムのトリニティ、国家の店じまい。全て、政策は共通しているわけだが、この種の国家破壊、国民貧困化がなぜ止められないのか。理由は、１９９０年代以降に進んだ「政治改革」や「行政改革」にある。

中選挙区制崩壊により総裁の権力が強大化してしまった

始まりは、55年体制の崩壊にあった。

55年体制とは、中選挙区制とセットで語られることが多い。１９５５年に自由党と日本民主党が合併し、自由民主党となった。自由民主党の誕生から、１９９３年まで継続した日本の政治構造を55年体制と呼ぶ。また、中選挙区制とは、１９９４年まで続いた日本の選挙方式で、一つの選挙区から複数人が選出されるという特徴を持つ。

55年体制下では、たとえば三人区であれば「二人自民党、一人社会党」、五人区であれば「三人自民党、二人社会党」といった結果になる。無論、五人区で「二人自民党、一人社会党、一人共産党、一人無所属」など、色々なパターンがあったが、いずれにせよ重要なのは、中選挙区の場合、「自民党は議席の過半数を維持するものの、3分の2は取れない」状況が続くことである。

当時の社会党は、もちろん「護憲」勢力だ。社会党に次ぐ野党であった共産党も「護憲」。となると、護憲勢力が常に国会の議席の3分の1強を占めるため、憲法改正は不可能となる。

もっとも、当時の中選挙区制度が日本国民の利益を追求する上で間違っていたかといえば、必ずしもそうとはいえない。一つの選挙区で複数の自民党候補が当選するため、議員の政策は多様化する。まるで真逆の政策を叫ぶ自民党議員が「同じ選挙区」で当選するケースすらある。政策的な多様性は、当然ながら自民党の党内、あるいは国会内の議論にまで持ち込まれる。

結果的に、自民党「内」における政策グループ、いわゆる「派閥」が強化されていった。「派閥」と聞くと、ネガティブな印象を受けるだろうが、とんでもない。自民党内に複数の派閥があるということは、総理大臣なり内閣が失政を重ねる、あるいは「露骨な嘘」をついた場合に、猛烈に批判し、政権を覆すことが可能な勢力が「自民党内」に存在したことを意味するのだ。いざとなれば、自民党内からの圧力で、政権を失いかねない。当然ながら、総理大臣や内閣の暴走は不可能となり、「党内野党」に配慮した政策を進めざるを得ない。当時の自民党は、野党に政権を奪われる可能性は皆無に等しかった。ところが、強力な政敵が「党内」に存在したため、それなりに自浄作用が働いたのである。

また、55年体制下では官僚制度が強固であり、民主制の暴走に対する防御壁の役割を果たした。派閥政治、官僚制度、あるいは「専門家議員」である族議員たちにより、55年体制における日本の政治において、政権の「暴走」や総理大臣の「独断」はもちろん、露骨な「嘘」が平気でまかり通ることもなかったのだ。

ところが、1991年末にソ連が崩壊し、冷戦が終了した頃から、55年体制、中選挙区制における「決められない政治」が批判の的となる。「政治主導」あるいは「決められる政治」を目指し、政治改革（小選挙区制導入、政党助成金制度導入）、行政改革（公務員制度改革）が進んだ。結果的に、我が国の政治において、国会議員や官僚のパワーが相対的に小さくなっていった。

小選挙区制と政党助成金制度は、「公認権」と「政治資金」を握る党執行部の権力を高める結果になった。特に、自民党では各地の国会議員が党中央に「ものを申せない」構造が作られていく。厳密には、一応、総務会や政務調査会など「平場の議論」は残っているのだが、ほとんど各議員のガス抜きの場と化している。平場で国会議員がどれだけ奮闘しても、事前に定められた党中央の決定が覆ることはない。それが現在の「安倍一強」を作り出してしまった。

しかも、党中央（要は総裁）の決定に歯向かうと、次の選挙で公認をもらえない。政治資金も分配されない。下手をすると、自分の選挙区に刺客を送られる。自民党の公認なしでは、多くの議員は小選挙区で勝てない。当然、党中央に対し不満があったとしても、沈黙する。

かつては「党内野党」として、政権の暴走を止める役割を担った派閥は形骸化した（派閥リーダーの権力がなくなったため）。さらには、「専門家議員」たちは族議員なるレッテルを貼られ、消えていった。

もはや、自民党に「政党政治」はない。

強大な権力の「傀儡」と化した安倍総理大臣

そして、行政改革だ。特に、2014年に発足した「内閣人事局」により、官僚が人事権を握られ、政権（あるいは官邸）に一切逆らえなくなった影響は大きい。それどころか、総理や官邸のために行政文書の改竄（絶対にやってはいけないこと）に手を染める有様だ。桜を見る会の名簿も、順番待ちしてシュレッダーにかけてしまう。

結果的に、総理大臣の権力が肥大化したものの、もちろん安倍総理にダレイオス一世やクビライ・カーン水準の行政能力や構想能力などありはしない。必然的に、総理を囲む一部の官僚（首相補佐官たち）や諮問機関（規制改革推進会議、未来投資会議、国家戦略特区諮問会議、経済財政諮問会議など）に入り込んだ民間議員と称する民間人の「提言」が政策化されることが、常態化するに至った。

官僚の人事権を握っている以上、せめて「財務省」という日本亡国推進組織だけでもコントロールして欲しいところだが、「政治力」を計算した総理は逆らわない。無論、本気になれば戦えないことはないが、

「そこまでやって、財務省を敵に回しても、それほど得はない。スキャンダルが頻発することになり、政権の支持率は下がり、めんどうなだけだ」

と、財務省の緊縮は「前提」として認める。財務省を敵に回さないことは、現在の日本における「長期政権化」の秘訣の一つなのである。

我が国では、財務省の省是である緊縮財政至上主義の下で、総理大臣を囲む「政治力が強い勢力」の思い通りの政策が推進されている。先に述べたように政治力が強い勢力とは、アメリカ（グローバリスト、レントシーカー含む）、経済界（経団連など）、そして財務省である。ちなみに、中国共産党は日本の経済界との「ビジネス」による繋がりを利用し、政権に影響を与えようとする。

図⑧　安倍政権の意思決定プロセス

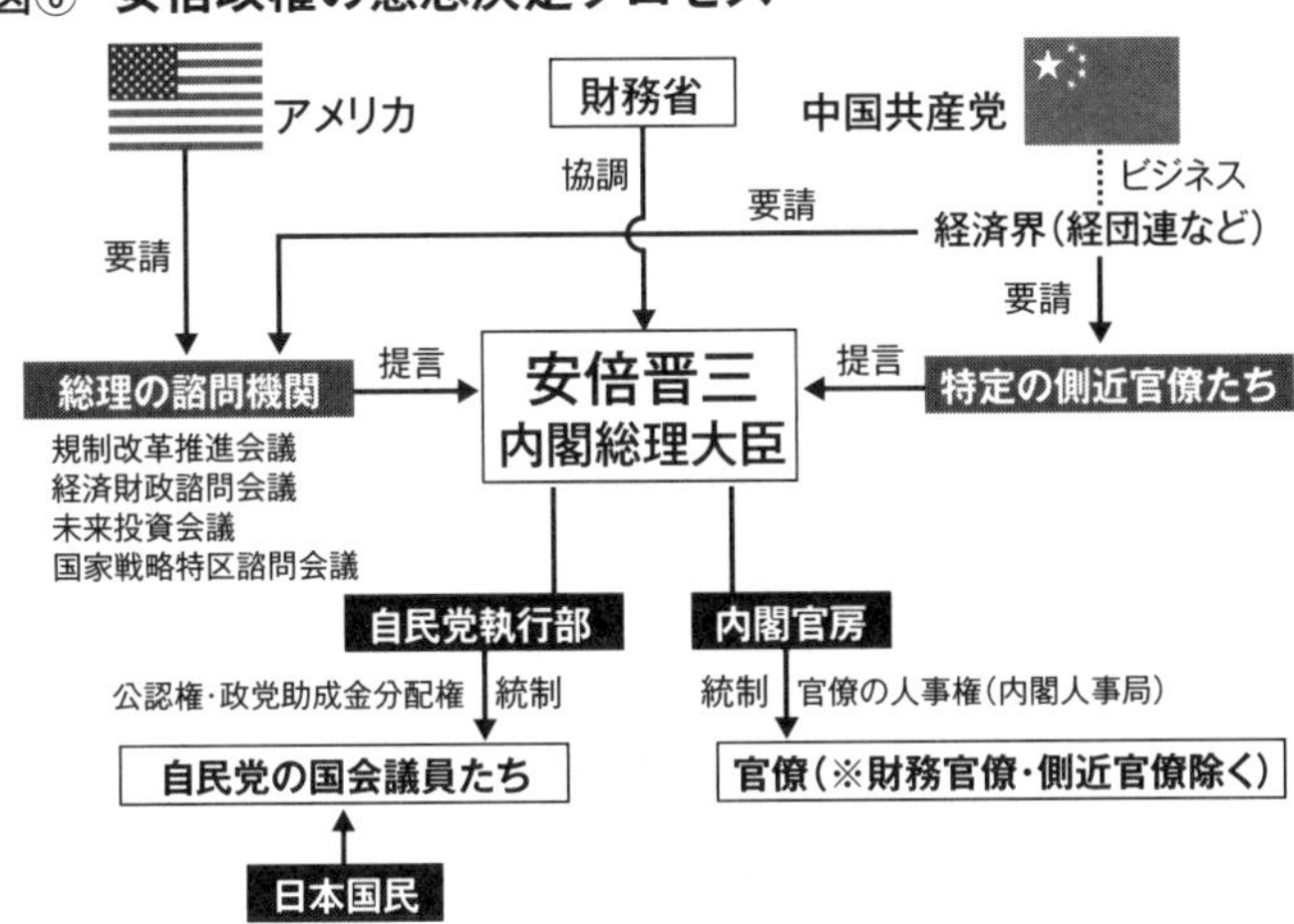

無論、アメリカや経済界が直接的に安倍政権に何らかの政策を「指示」するわけではない。総理の周囲に乱立する諮問会議や、側近官僚を通じ、政策の「提言」が行われ、そのまま総理指示として閣議決定。ほとんど議論もないままに、国会で法律が成立するのだ。

中央に鎮座する安倍晋三内閣総理大臣は、各種の政治力が強大な勢力の「傀儡（かいらい）」と化した空虚な器だ。空虚な器である以上、「政権の維持」に貢献しそうな意見であれば、とりあえずは何でも受け入れる。あるいは、受け入れるフリをする。

現在の安倍政権の政策決定構造を図示すると、図⑧の通りとなる。アメリカ、財務省、経済界（経団連など）という強大な「政治力」があり、空虚な器である安倍総理は、基本的には三大政治力の指示通りに動く。

最大最悪の問題は、国民の代表である国会議員（特に自民党議員）、さらには行政の立場から政治の暴走を防ぐべき官僚組織が、過去の改革により無力化していることだ。自民党の国会議員は、小選挙区制（公認権）、政党助成金、派閥形骸化などにより、党中央（総裁）に逆らえない。官僚（※財務官僚除く）は、2014年の内閣人事局設置以降、政権に抗うどころか迎合し、政権を庇うためさまざまな不法に手を染めている。そうしなければ出世できない。

注意しなければならないのは、与党の国会議員や官僚を「統制下」に置いているからとはいっても、安倍総理は決して「独裁者」ではないという点である。独裁者ならば、何らかの政策目標があり、「主体的」に判断がなされるはずだ。

むしろ、これだけ強固な国会・行政統制システムの上に君臨しておきながら、主体的な意思が「ない」という点が、安倍総理の特徴である。まさしく、空虚な器だ。

それにしても、なぜ1990年代以降の我が国は、政治改革だの、行政改革だのと銘打ち、「Ⅱ派」が望む政策をほとんど独裁的に推進できる政治構造に変わってしまったのだろうか。まさしく、現在の日本国の「主権者」である財務省や経済界が、過去40年にわたり、日本を「そういう国」にするために政治力を発揮し続けてきた結果なのである。

第二章

亡国の最凶省庁・財務省

ウソだらけの経済対策234兆円の真実

2020年6月時点で、世界中をパニックに陥れているコロナウイルスだが、諸外国に比べ、日本の経済対策のしょぼいことといったら開いた口がふさがらない。

安倍総理は第1次補正、2次補正合わせて事業規模234兆円で「空前絶後の規模」だと胸を張り、無知なメディアがそれを煽り、安倍信者が熱狂する。しかし、中身を精査すると呆れ果てる。詳細は後述するが234兆円といっても、すでに決まっているものを付け替えたり、貸付金やらを加えたもので「真水」である新規国債発行額はわずか57・6兆円だけだ。しかも、「感染症予備費」10兆円を含めての数字だから純粋な経済対策費とは呼べない。

アメリカの320兆円、イギリスの事業者への300万円支給、従業員の給料の8割補償、法人税1年免除などと比べると完全に見劣りする。しかも総理は「個別の業者への補償はできかねる」とのたまう始末だ。国民を助けるよりも、アベノマスクと揶揄され、世界中から失笑を買った「1世帯に布マスク2枚」に代表されるように、とにかくお金を使いたくないという意図がはっきりとわかる。

もちろんバックには、お金を司る財務省がいる。財政規律を守ることがすべてに優先する財務省らしいやり口だ。

財務省は、本来は国家の「経理」を中心とした業務を担う省庁「大蔵省」であった。

大蔵省は、元々の設置は明治2年である。1998年に金融行政を分離し、2001年「財務省」に改組される以前は、「大蔵省設置法」という法律に基づき、運営されていた省庁だ。

大蔵省設置法には、大蔵省の設置目的も記載されていた。

『第三条　大蔵省は、左に掲げる事項に関する国の行政事務及び事業を一体的に遂行する責任を負う行政機関とする。一　国の財務　二　通貨　三　金融　四　証券取引　五　造幣事業　六　印刷事業』

大蔵省の役割は、財務、通貨、金融、証券取引、造幣事業、印刷事業。ちなみに、造幣事業とは「硬貨」の発行であり、印刷事業は、もちろん現金紙幣の印刷だ。当時の大蔵省は、事実上、現金紙幣を発行する日本銀行も支配下に置いていたのである。

もっとも、大蔵省設置法では、大蔵省が責任を持つ行政は、あくまで「業務」に限られていた。財務（歳入と歳出の管理）、通貨や為替、硬貨や紙幣の発行は、まさに「業務」であり、そこに特定の思想やイデオロギーはない。つまりは、当時の大蔵省は、少なくとも建前上は、あくまで「国民主権」を体現する政治の下で、言われるままに各種の業務を執り行う行政機関に過ぎなかったのだ。

それが、1999年の「財務省設置法」で、省庁の目的が以下のように変わった。

『(任務)第三条 財務省は、**健全な財政の確保**、適正かつ公平な課税の実現、税関業務の適正な運営、国庫の適正な管理、通貨に対する信頼の維持及び外国為替の安定の確保を図ることを任務とする。』

「健全」「適正」「公平」「信頼の維持」「安定」等々、いきなり抽象用語がちりばめられるようになった。この種の抽象的な表現の問題点は、いかようにも解釈できるということだ。たとえば、「通貨に対する信頼」について、数字的にいかに定義するのだろうか。ある人は、1ドル＝100円前後の為替レートが、通貨の信頼が維持されていると主張するだろう。とはいえ、たとえば輸出業にとっては、1ドル＝100円よりも、1ドル＝120円の方が望ましい。理由はもちろん、輸出競争力が上昇するためだ。

健全、適正、公平、信頼、安定等は、あくまで「個々人の価値観」により「数字的な定義」が決定されてしまうのである。この種の抽象表現が、財務省設置法に盛り込まれたのは、その後の日本の「財務省主権国家化」を象徴する出来事であった。

抽象的とは、つまりは「個々人の価値観で言葉の定義を決定できる」という意味になる。

となると、国家の行政がより「人治的」になることは避けられない。

また、大蔵省時代にはなかった「健全な財政の確保」という文言が登場したのも注目点である。健全な財政とは、まさしく抽象的な表現であるため、いかようにも解釈できる。

たとえば、筆者は一章で説明した1派の立場から、

「健全な財政とは、完全雇用が達成され、働く国民の実質的な所得が上昇し、かつインフレ率が2％前後の適正水準で推移するための財政支出の規模である」

と、主張しよう（実際に、筆者はこれが「健全な財政」であると確信している）。

しかし、別の人は、

「いや、違う。健全な財政とは、ＰＢ、つまりは国債関連費を除く歳入と歳出が一致することだ」

と、反発するかもしれない。あるいは、さらに別の人が、

「健全な財政とは、政府の負債残高（いわゆる『国の借金』）が減り続けることである」

と、主張するかもしれない。

国民が豊かになる財政、ＰＢの達成、政府の負債残高の減少。果たして、どれが「健全な財政」に該当するのだろうか。答えは、どれも該当する、になる。

1872年と比較すると3740倍の長期債務残高

政府の負債が「減ること」が「健全な財政の確保」の定義となると、日本政府は明治維新以来、一度も「健全な財政」を達成したことがないことになってしまう。図④の通り、1970年以来、我が国の政府の長期債務残高は2018年までに150倍に増えている。1872年と比較すると、何と3740万倍だ。物価の上昇の影響を排除した実質値でも、1885年の546倍である。

当たり前である。政府の負債残高とは、国民経済全体で使われる「貨幣の量」なのだ。経済が成長し、必要な貨幣量が増える場合、当然ながら政府の貨幣発行残高、つまりは「国の借金残高」も増加する。

それにしても、なぜ、大蔵省が財務省に変わる際に「省庁の任務」が大きく変わってしまったのだろうか。ポイントは、「誰」が財務省の任務に「健全な財政の確保」を付け加えたのかという点である。

財務省は、中央省庁等改革基本法を根拠法として、2001年1月に大蔵省が改編される形で発足した。中央省庁等改革基本法は、1997年12月の行政改革会議の最終報告の趣旨に則り、制定されたものだ。

行政改革会議は、1996年11月から1998年6月まで総理府に設置された会議である。目的は、もちろん中央省庁等の再編だ。

行政改革会議の資料を見ると、1997年5月14日、21日に大蔵省が提出した資料の中に、以下の記述がある。


『(1) 財政構造改革 財政構造の改革は、行政のスリム化・効率化を推進するという観点では、行政改革と方向性を同じくするものと考える。現在、我が国財政は主要先進国中最悪といえる状況となっており、高齢化社会の下で現在の財政構造を放置し、財政赤字の拡大を招けば、国民経済自体の破綻を招く可能性が高い。

今後の高齢化の一層の進展を見据え、21世紀の活力ある豊かな国民生活を実現するとともに、次世代に対する責任を果たすために、財政健全化目標を定めるとともに、徹底した歳出全体の見直しを行うなど、財政構造改革を強力に推進しているところである。』


何のことはない。財務省設置法の財務省の任務に「健全な財政の確保」を追加するべく働きかけたのは、大蔵省自身なのだ。当時の大蔵省が、橋本龍太郎政権が推進する行政改革を「利用」し、新生財務省の任務に「財政健全化」を加えたのである。

なぜなのか。理由は簡単である。主流派経済学（Ⅱ派）が、第一章の図⑤の通り「財政均衡主義」「常に財政均衡を目指す」という考え方になっているためだ。

1997年の「財政構造改革」という大蔵省提出資料に、

「我が国財政は主要先進国中最悪といえる状況となっており、高齢化社会の下で現在の財政構造を放置し、財政赤字の拡大を招けば、国民経済自体の破綻を招く可能性が高い」

と書かれている以上、大蔵省・財務省の官僚の価値観、あるいは考え方において、財政赤字の拡大が「悪」と認識されていると理解するべきである。

「財政とは、歳入と歳出を一致させることが望ましい」

と聞くと、普通の人は「正しい」と認識してしまう。理由は、人間とは基本的に「自分の周囲の環境」でしか物事を判断できないためだ。家計あるいは個人は、所得が限定されている。かつ、負債を実質的に所得から返済する必要がある。さらには、通貨発行権、厳密には、「返済不要な負債としての貨幣発行権」がない。

ちなみに、貨幣とはいわゆる「お金」そのもので、流通しているものを「通貨」と呼ぶ。通貨とは、流通する貨幣、という意味なのだ。

自らの「体験」として、

「借金（負債）は所得から返済しなければならない」

と認識してしまっている人間は、「返済不要な負債としての貨幣」の発行が可能な政府の「借金」についてまで、

「国の借金は税金（所得）から返済しなければいけない」

という固定観念に取りつかれてしまう。また、自らには寿命があり、負債を残したまま死ぬと遺族に「相続」されるため、

「国の借金を増やすことは将来世代へのツケの先送りだ」

といったでたらめなレトリックにすぐに引っ掛かる。

さらには、政府の負債を増やすことになる「財政赤字」は「悪である」という認識に陥るわけだ。財務省は、一般国民のこの種の幼稚な認識に付け込むのが実に巧みだ。

国民経済の五原則

筆者は10年以上前から、国民経済の「五原則」を提唱している。

【国民経済の五原則】

一、国民経済において、最も重要なのは「需要を満たす供給能力」である。
二、国民経済において、貨幣は使っても消えない。誰かの支出は、誰かの所得である。
三、国民経済において、誰かの金融資産は必ず誰かの金融負債である。
四、国民経済において、誰かの黒字は必ず誰かの赤字である。
五、現代において、国家が発行する貨幣の裏づけは「供給能力」である。

三にある通り、誰かの金融負債は、誰かの金融資産である。つまりは、財務省のいう「国の借金」なる金融負債には、カウンターとなる債権者が必ず存在し、誰かの金融資産になるのだ。日本国債の所有者、つまり「国の借金の債権者」は、国内の金融機関である。しかも、最大の債権者は、政府の子会社に該当する日本銀行だ。

国の借金とは、正しくは「政府の金融負債で、金融機関の金融資産」である。日本国民は（個人で国債を買っている人は別にして）無関係なのだ。それにもかかわらず、財務省は「政府の負債」を「国の借金」と抽象的な表現に変更し、負債額を人口で割り、「国民一人当たり800万円以上もの借金を抱えている」

という、ある意味で見事なプロパガンダのレトリックを生み出した。結果的に、多くの国民が政府の負債拡大を嫌悪するようになってしまう。「国の借金」について、あたかも自分が抱え込んだ負債であるかのごとき印象を植え付けられてしまったのだ。

となると、政府の負債を増やす行為である「財政赤字」について嫌悪するようになって当然だ。それどころか、自分たちを豊かにする政府の財政赤字＝貨幣発行の拡大を主張する政治家に対し、

「政府は無駄なカネを使うな！」

と批判し、自らの首を絞め、貧困化し、財務省の財政健全化路線が着々と進められる。

日本銀行券は日銀が発行した借用証書

2020年現在、日本国民が絶対に学ばなければならない知識が「信用貨幣論」である。国民の多くが、正しい貨幣論を身につけない限り、日本政府が真っ当な経済政策を推進することはできない。結果、国民の貧困化が止まらず、将来の繁栄もあり得ない。

そもそも、貨幣とは何なのか。先の国民経済の五原則において、

「三、国民経済において、誰かの金融資産は必ず誰かの金融負債である。」

と、書いたが、読者の財布に入っている現金紙幣は貨幣であり、同時に金融資産でもある。現金紙幣は読者の金融資産であると同時に、日本銀行の金融負債に該当する。だからこそ、表に「日本銀行券」と書かれているのだ。日本銀行券とは、「日本銀行が発行した借用証書」という意味をもつ。

一章において、貨幣とは、債務と債権の記録であり、貸借関係であると解説した。本章のテーマである財務省に触れる前に、もう少し突っ込んで、かつ分かりやすく解説しよう。たとえば、筆者が読者から小麦を10kg「借りた」としよう。その際に、筆者は、

「三橋貴明はこの証書を持つ者に小麦10kgの借りがある」

と書かれた紙片を渡す。つまりは、小麦10kg分の借用証書だ。あるいは、筆者が読者から小麦10kg分を借りているという「貸借関係」の証明書である。

図⑨　三橋貴明の「借用証書」が貨幣として流通する

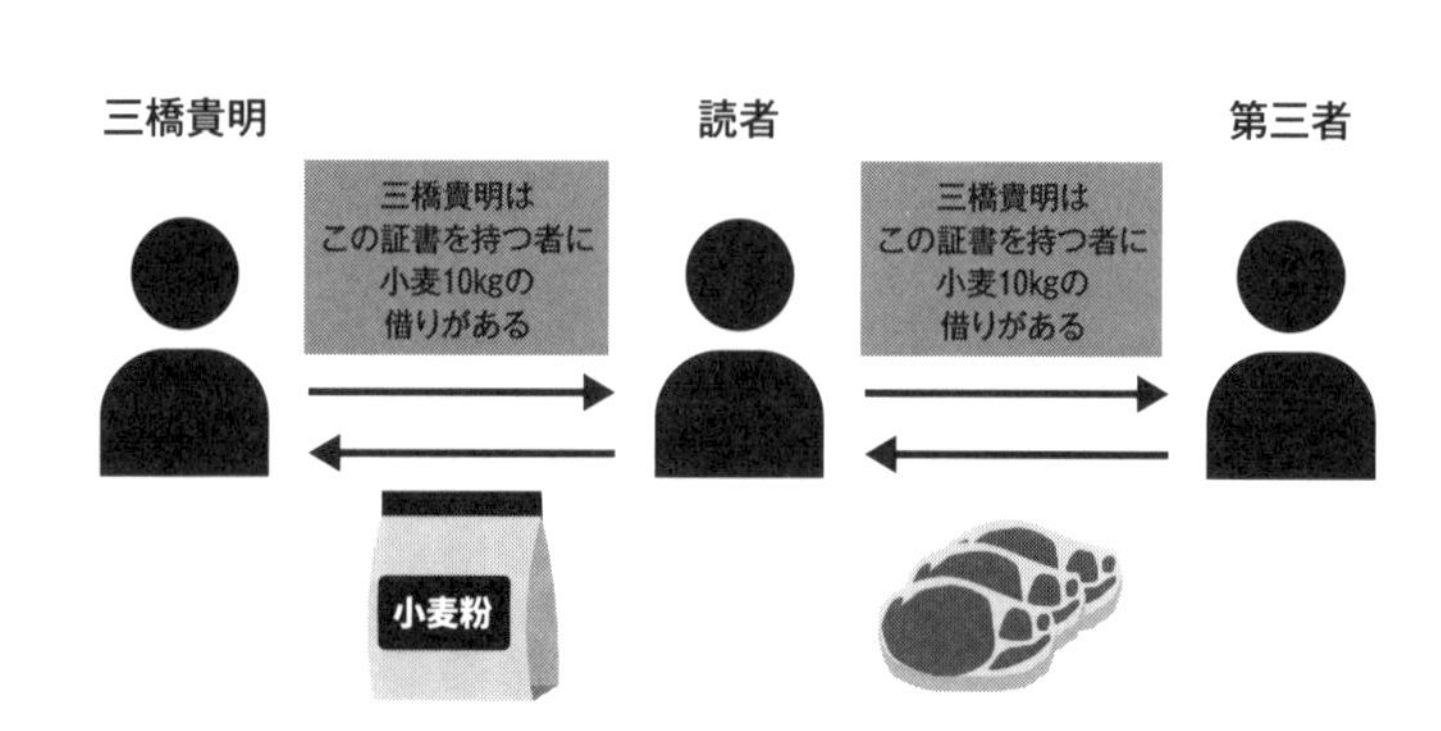

筆者は、読者に小麦10kg分の借り（債務）がある。逆に、読者は筆者に小麦10kg分の貸し（債権）がある。

そこで、読者が第三者から小麦10kg分の「肉」を買ったとしよう。その際に、読者は筆者が最初に「書いた」借用証書を渡して、支払いを済ませることができる。筆者の借用証書が、まさしく「貨幣」として流通しているのだ。

現代的な貨幣は、日本の場合は「円という価値単位の数字」で発行されているが、理屈は同じなのである。貨幣は、それが誕生した「メソポタミアのシュメール文明」の時代から、債務と債権の記録、単なるデータなのである。図⑨の場合、価値があるのは書かれた内容（データ）であり、紙切れそのものではない。

シュメール人は「楔形文字」「粘土板」を発明し、図⑨とまったく同じ仕組みで貨幣を流通させていた。現代にも「○○は小麦○○分の借りがある」といった内容が書かれた当時の粘土板が残されている。

実は、シュメール人の時代から5000年近くが経過した現代においても、個人が「貨幣」を発行することが可能だ。すなわち、小切手や約束手形である。

日本人に今一つ馴染みがないが、銀行振り込みの手数料が高いアメリカでは、今でも小切手による支払いが普通で、「小切手という貨幣」が流通している。小切手や約束手形は、完全に「貨幣」の条件を満たす。

ちなみに、貨幣の条件とは、

1、特定の通貨単位がある（円、ドルなど）。
2、債務と債権の記録である（＝借用証書）。
3、譲渡性がある（自分の債務の弁済のために、他者に渡せる）。
4、担保がある。

の四つになる。

小切手や約束手形は、日本の場合は日本円の債務と債権の記録だ。小切手の振出人の債務で、所有者の債権になる。さらには、譲渡性があり、かつ振出人が市中銀行に持つ当座預金が担保として発行される。

読者は、所有する小切手を支払いや負債返済に使っても構わないが、相手が嫌がるかもしれない。なぜなら、小切手は分割することが不可能だからだ。1万円のものを買ったとして、支払いの際に「100万円の小切手」を見せられても、相手は困惑するだろう。

そこで、多くの人は小切手を市中銀行に持ち込み、銀行預金という貨幣に変える。銀行預金は（支払い相手が銀行口座を持っている限り）非常に利便性が高い貨幣だ。さすがに、銀行預金について「これはお金ではない」と主張する人はいないだろう。

銀行預金とは、誰かが市中銀行に「借用証書」を持ち込んだ際に、「借用証書を担保に、市中銀行が読者の口座の預金残高を増やす形で書き換える」ことで発行される貨幣になる。

キーストロークマネー

そもそも小切手も約束手形も「書くだけ」で発行されている。小切手は（約束手形も）、小切手帳の時点では単なる紙切れに過ぎない。それが振出人の債務金額が書き込まれ、債権者に渡された瞬間に貨幣になる。

銀行預金も同じだ。市中銀行は差し出された何らかの借用証書を担保として、通帳に「書く」だけで銀行預金という貨幣を発行している。そして、銀行預金は口座保有者にと

図⑩　市中銀行による貨幣発行

【貨幣（銀行預金）発行前】

市中銀行のバランスシート

借方	貸方
−	−

顧客のバランスシート

借方	貸方
−	−

【貨幣（銀行預金3000万円）発行後】

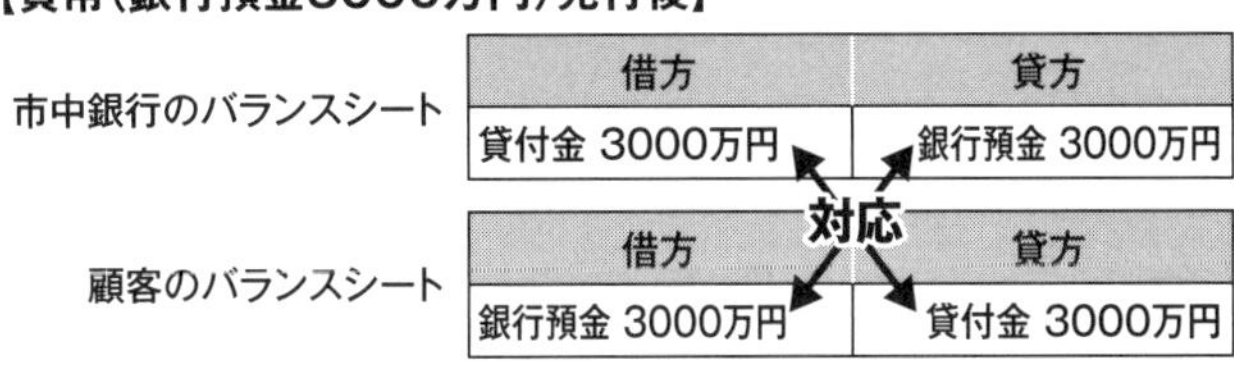

っては金融資産だが、市中銀行にとっては金融負債である。
「国民経済において、誰かの金融資産は必ず誰かの金融負債である」
というわけだ。
以前は、本当に万年筆で書くだけで銀行預金が発行されていたため、「万年筆マネー」と呼ばれていた。現在は、キーボードを叩くだけであるため、「キーストロークマネー」だ。

会計ツールの中で、現時点の資産（債権）と負債（債務）及び純資産を表すのが貸借対照表（バランスシート）である。左右に分けた箱の左側を借方と呼び、資産を計上。右側を貸方と呼び、負債と純資産を計上。資産＝負債＋純資産であるため、左右の合計金額は必ず一致する。「誰かの金融資産は、必ず誰かの金融負債」であるため、バランスシートの金融資産、金融負債には、必ず「外部」に対応する金融負債、金融資産の保有者が存在する。

市中銀行に持ち込まれる借用証書は、別に小切手や約束手形には限らない。たとえば、普通に読者が市中銀行からお金を借りるべく、借用証書を差し入れた場合も、まったく同じプロセスで銀行預金という貨幣が発行される（※ここでいう「市中銀行」とは、日本銀行に当座預金口座を持つ「預金取扱機関」を意味する）。

市中銀行は別に、「どこかから資金調達し、顧客にお金を貸し出している」わけではないのだ。いわゆる「また貸し論」は、完璧に間違いである。市中銀行は、図⑩の通り、資産ゼロの状況から、顧客に貸し出すことで銀行預金という貨幣を発行できる。無論、顧客は3000万円なら「3000万円を借ります」という借用証書を差し入れる。借用証書を担保に、市中銀行は預金という名の貨幣を発行する（通帳の残高を増やすだけだが）。

ご存じの通り、銀行預金には利子（現在は微々たるものだが）が支払われる。銀行預金に金利があるのは、預金が「保有者にとっての金融資産」であるためだ。つまりは、銀行預金とは保有者にとっては銀行の借用証書である。

なぜ、市中銀行は自らの金融負債で、利払いが必要な銀行預金を発行するのだろうか。もちろん、市中銀行に差し入れられた「借用証書（銀行にとっては貸付金、顧客にとっては借入金）」から得られる金利収入が、預金金利よりもはるかに高いためだ。銀行業とは

元々は、

「差し入れられた借用証書の金利と、発行した銀行預金の金利の『差額』で稼ぐ」

というビジネスだ（現在は、その他にも手数料収入等があるが）。

「いや、ちょっと待て。我々は銀行に現金紙幣を預け、それを銀行が客に貸しているじゃないか」

と、思われた方がいるかもしれないが、現代において、たとえば3000万円を市中銀行から借りる際に「現金紙幣」を受け取る者がいるのだろうか。ほぼ100％、銀行預金のはずだ。

そもそも、市中銀行に現金紙幣を持ち込むと、通帳の口座残高が増えるのは、「市中銀行が現金紙幣という『日銀の借用証書』を担保に、銀行預金という貨幣を発行する」ためなのだ。「預金」という言葉は、本質的には間違っている。市中銀行は現金紙幣などの貨幣を預かる場所ではない。差し入れられた借用証書（あるいは小切手、あるいは現金紙幣）と引き換えに、銀行預金を「キーボードを打つ」ことで発行する事業体なのである。

もちろん、我々は市中銀行に赴き、自らの金融資産である銀行預金と引き換えに、日本銀行の金融負債である現金紙幣を受け取ることができる。「お金を引き出す」という行為は、別に銀行に預かってもらっていた現金紙幣を受け取るという話ではない。

市中銀行は、我々が望む場合には「預金者の金融資産である銀行預金」と、同額の「日本銀行の金融負債（現金紙幣）」を交換する義務がある。銀行預金は銀行口座を持たない人に対する支払いには使えない。また、商店で買い物する際にも、現金紙幣が必要になるケースは多々ある。

もちろん、市中銀行は一定量の現金紙幣を用意してはいるが、たとえば1万円札の重さは約1グラムだ。だから、100億円は1000キログラム、つまりは1トンとなる。また、厚さは100万円の札束で1センチメートル。ということは、100億円で1万センチメートル、つまりは100メートル。重い上にかさばり、邪魔で仕方がない。

日銀当座預金と国債の種類

市中銀行は「預金残高分の現金紙幣」を行内に保有しているわけではない。そもそも物理的に不可能である。市中銀行は現金紙幣の代わりに、日銀当座預金を保有している。日銀に口座を持っているのは、主に、

1、資金決済の主要な担い手（市中銀行、信用金庫、外国銀行支店、協同組織金融機関の中央機関、銀行協会など）。

2、証券決済の主要な担い手（金融商品取引業者、証券会社、外国証券会社、証券金融会

社など)。

3、短期金融市場取引の主要な仲介者(短資会社)。

及び「日本政府」である(※その他に、外国の中央銀行や国際機関なども日銀に口座を持っている)。

日銀のホームページには以下の通りこう書かれている。

「個人や一般企業からの預金は受け入れていません」(日本銀行Q&A「Q:日本銀行には誰が預金口座を開設していますか?」より)

日銀当座預金は、民間の一般企業や家計にとっては使用不可能な貨幣なのだ。つまりは、我々が生産する財やサービスの支払いには使えない。だからこそ、第一章の図①の通り、公共投資でインフラを建設した企業への支払いは、「政府の振込指示」及び指示を受けた市中銀行が「企業の口座残高を増やす」ことで行われる。

日銀当座預金は、銀行間決済、銀行—政府間決済(図①)等に使われる。そして、日銀当座預金もまた、銀行預金同様に、

「顧客(市中銀行)が借用証書を差し入れた際に、日本銀行が顧客の当座預金残高を増やす」

ことで発行される。銀行預金の発行と同様に、キーボードを打つだけのキーストロークマネーだ。また、日銀当座預金(及び現金紙幣)は、もちろん市中銀行にとっての金融負

債だが、同時に日本銀行にとっては金融負債に該当する。

そして、日銀当座預金を発行してもらうために、市中銀行が日銀に差し入れる借用証書こそが「国債」なのである。

話を整理すると、
●市中銀行は差し入れられる借用証書（あるいは現金紙幣、小切手等）と引き換えに、銀行預金を発行する。
●日本銀行は差し入れられる借用証書（国債）と引き換えに、日銀当座預金を発行する。
というわけである。実は、市中銀行と日本銀行は、やっていることはほぼ同じなのだ。

借用証書と引き換えに、自らの金融負債として貨幣を発行する。

市中銀行の銀行預金の担保は、お金を借りる人の借用証書（バランスシート上では貸付金）、現金紙幣、小切手、約束手形など。日本銀行の当座預金の担保は、日本国債というわけである。

日本銀行は、市中銀行が要求した際には、日銀当座預金を現金紙幣と交換する義務をもつ。つまりは、現金紙幣とは「データ」そのものである日銀当座預金が、紙の形をとったものに過ぎない。

それでは、最終的な担保である「日本国債」はいかにして発行されるのか。日本国債は、もちろん日本政府の借用証書であり、バランスシート上では金融負債として貸方に計上される。政府の負債（財務省のいう「国の借金」）は、いかにして発行されるのか。あるいは、日本国債の「担保」は何なのか？

ちなみに、日本国債と一言で呼んでいるが、実は国債というか「政府の借用証書」には主に2種類ある。日銀の統計でいうと、国債・財投債と、国庫短期証券だ。いずれも、日本政府が発行する借用証書である。

国債・財投債は、日本政府が発行する債券である「国庫債券（略して国債）」と、財政投融資特別会計が資金調達のために発行する国債の総計になる。また、国庫短期証券は、日本政府が一時的に生じる資金不足を補うために発行する国債だ。多少、性質は異なるものの、すべてが「政府の借用証書」であることに変わりはない。

日本銀行は、国債・財投債、国庫短期証券の種類に限らず、市中銀行から差し入れられた場合は、日銀当座預金という貨幣を発行する。

日銀当座預金は国債と引き換えに発行される

ここまでの話をまとめたのが、図⑪の貨幣ピラミッドである。我々個人や企業も、小切手や約束手形といった貨幣を発行できる。小切手や約束手形の担保は、振出人が市中銀行に保有する当座預金。つまりは、市中銀行の金融負債。

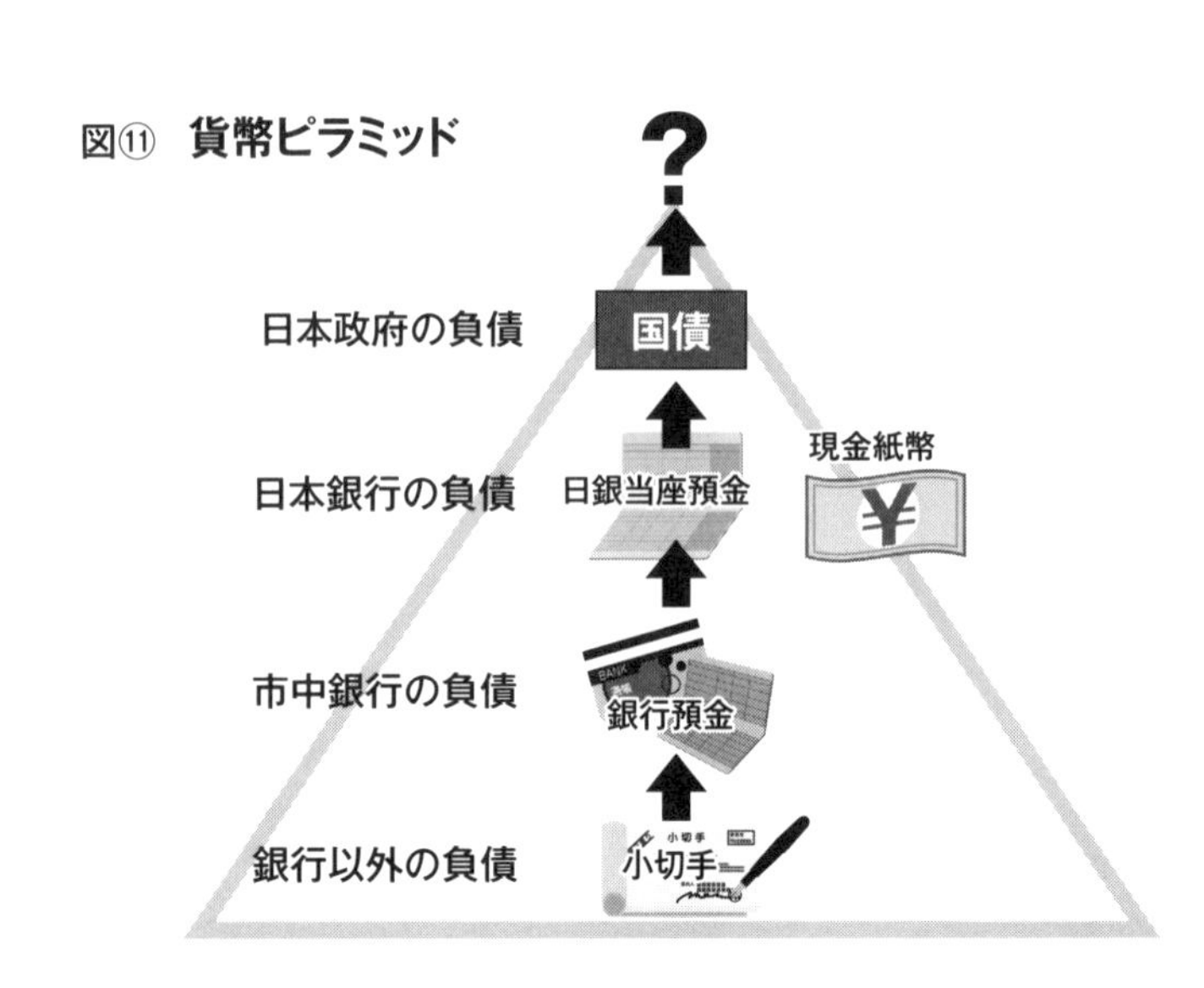

市中銀行の負債である銀行預金は、いつでも現金紙幣に変えられる。もっとも、現金紙幣は非常にかさばるため、市中銀行は日銀当座預金というデータの形で保有している。現金紙幣も、日銀当座預金も、共に日本銀行の金融負債だ。

日銀当座預金（あるいは現金紙幣）は、政府が発行した借用証書である国債と引き換えに発行される貨幣になる。国債は、もちろん日本政府の金融負債だ。

それでは、国債は果たして「何」と引き換えに発行されているのだろうか。ちなみに日本政府が国債発行で借りる貨幣は、現金紙幣や銀行預金ではなく、日銀当座預金である。

「？？？」

と、思われた方が多いだろう。日本銀行は、国債と引き換えに日銀当座預金を発行する。

図⑫　2019年末時点、日本銀行のバランスシート（兆円）

	借方	貸方
現金		117.7
日銀当座預金		416.1
国庫短期証券	9.4	
国債・財投債	485.2	
その他の金融資産	108.0	
その他の金融負債		32.4
純資産		36.4
合計	602.6	602.6

出典:日本銀行「資金循環統計」

図⑬　2019年末時点、日本政府（一般政府）のバランスシート（兆円）

	借方	貸方
現金	0.0	
日銀当座預金	15.5	
国庫短期証券	0.0	94.9
国債・財投債	45.8	940.1
その他の金融資産	569.6	
その他の金融負債		293.5
純資産		−697.5

出典:日本銀行「資金循環統計」

日本政府は、国債発行で日銀当座預金を借りる。つまりは、日銀当座預金と引き換えに国債を発行する。

結局のところ、国債と日銀当座預金（及び現金）は「政府発行の貨幣」という意味では同じなのである。国債は、一見「借金」に見える。日銀当座預金は実に「お金」っぽい。とはいえ、両者はほぼ同じ性質を持つ「貨幣」なのだ。

バランスシートを見ると、国債は日本政府の貸方に、日銀当座預金は日本銀行の貸方に計上される。両者ともに「負債」だ。もっとも、日銀当座預金（及び現金）には本来は金利がつかず、返済相手もいない。一般人がイメージする貨幣そのものだ。

もっとも、小切手にしても、同額の銀行預金や現金紙幣に換えられる。国債が発行されると、政府は日銀当座預金を手に入れる。日銀当座預金は、日銀が国債を手に入れたときに発行されるとなると、何となく、実体がよく分からない。結局、国債は「何」に基づき、発行されているのだろうか。正確なところを知りたいならば、バランスシートを見るのが一番だ。

図⑫の通り、日本銀行のバランスシートでは現金や日銀当座預金が貸方に負債計上されている。これらの貨幣を発行する際に、日銀は国債・財投債や国庫短期証券を買い取っている。というわけで、

「現金紙幣や日銀当座預金の担保は国債・財投債・国庫短期証券である」

という表現は正しい。それでは、政府のバランスシートはどうなっているだろうか。

図⑬の通り、政府は一方的に国債・財投債（及び国庫短期証券）を貸方に負債計上しており、十分な金融資産がないため700兆円近い純負債（純資産のマイナス）状況になっている。いわゆる、債務超過だ。

つまりは、日銀の日銀当座預金や現金とは異なり、日本国債や財投債、国庫短期証券は、特定の金融資産を担保に発行されているわけではないのである。何らかの金融資産の担保があるならば、債務超過状態にはならない。

ここで、「日本政府は債務超過で大変だ！」と、思われた方は、改めて【国民経済の五原則】の、

「三、国民経済において、誰かの金融資産は必ず誰かの金融負債である。」
について考えてみて欲しい。誰かの金融資産は、誰かの金融負債。つまりは、誰かの純資産（資産＞負債）は、必ず誰かの純負債（資産＜負債）になる。誰かが純負債を負ってくれない限り、別の誰かの純資産も成立しえない。経済における全てのプレーヤーが純資産状態になることは、少なくとも地球上では起こりえないのである。

無論、我々民間の家計や企業にとって、純負債（債務超過）状況はありがたくない。特に企業の場合は、債務超過は「倒産が近づく」という意味をもつ。我々が債務超過、純負債を嫌悪するのは、実に理に適っている。

とはいえ、我々が純資産であるためには、別の誰かに純負債状況になってもらう以外に方法がないのだ。だからこそ、政府は純負債となっている。というよりも、ならなければならない。

厳密には、右記の話には固定資産（インフラ、工場など）が含まれていないが、金融資産、金融負債に絞っていえば、

「誰かの純資産は、誰かの純負債」

が常に成立していることは疑いようがない（異次元にでも行かない限り）。

純資産とは、資産が負債を上回っていることを意味する。いわゆるお金持ちとは、資産が多い人のことを意味しているわけではない。資産が1億円、負債が2億円の場合、純負

債が1億円。

「そんなに借金の方が巨額で、大丈夫か？」

と、心配されることになるだろう。

お金持ちとは、純資産が多い人のことなのだ。そして、誰かが純資産のとき、反対側に必ず純負債の人がいなければならない。

日本政府の純負債を懸念し、

「日本政府は純負債を減らせ！」

と、叫ぶことは、我々の純資産を削ることと同意なのである。

税金の役割は「財源」ではない

似たような話は、【国民経済の五原則】の、

「四、国民経済において、誰かの黒字は必ず誰かの赤字である。」

についてもいえる。

当たり前だが、誰かが黒字になったとき、反対側に誰か、赤字になった人がいる。誰もが黒字になる、といったことは、地球上に住んでいる限り不可能だ。

政府の財政赤字を批判する人は少なくないが、

「政府の財政赤字＝国民（厳密には『民間』）の黒字」

であるという「事実」は頭に入れておいて欲しい。

日本政府は、現時点でもＰＢ（基礎的財政収支）の黒字化という目標を取り下げていない。本当に日本政府がＰＢ黒字化を達成してしまうと、反対側で必ず赤字になる人が出てくる。

我々国民だ。

日本政府のＰＢ黒字化目標を支持している人は、

「自分を赤字にしてくれ。貧しくしてくれ」

と、主張しているのも同然なのである。

さて、改めて日本政府のバランスシート（図⑬）（83ページ）を見ると、政府の負債（財務省のいう「国の借金」）のメインである国債などに、何ら「担保」がないことが分かるはずだ。別に、それで構わないのである。日本政府は子会社の日本銀行に国債を購入させることで、負債の実質的な返済負担や利払い負担が消滅してしまうためだ。親会社、子会社間のお金の貸し借りや利払いは、連結決算で相殺される。実際、日本銀行は自行の決算が終わると、保有する日本国債に対して支払われた金利を「国庫納付金」として返還している。

つまりは、日本政府は「自らの担保なき負債としての貨幣」に該当する国債について、何ら返済や利払いの心配をする必要がないのである。そして、第一章の図①から明らかな通り、日本政府が国債発行で日銀当座預金を借り入れ、民間から財やサービスを購入する形で支出すると、国民の所得や銀行預金が増える。

【国民経済の五原則】の、

「二、国民経済において、貨幣は使っても消えない。誰かの支出は、誰かの所得である。」

から分かるように、政府だろうが民間だろうが、財やサービスのために貨幣を支出すれば、生産者の所得は間違いなく増える。

もっとも、政府の国債発行においては、一つだけ条件があることは付け加えておかねばならない。政府は事実上の貨幣を、国民の所得や銀行預金を創出するために好きなだけ発行しても構わない。ただし、図②のインフレギャップが「適切な水準」を超えて拡大しない限りにおいてである。

要するに、インフレ率だ。インフレギャップ、総需要が供給能力を上回る状況になると、インフレ率が適切な水準を超えて上昇していく。となると、政府は国債発行や財政支出による需要創出を抑制しなければならない。

国債発行の上限は、インフレ率。あるいは、供給能力。

供給能力とは、具体的には「資本（インフラ、工場、設備など）」「労働（人材）」「技術」の掛け算で決まる。総需要に比べ、供給能力が十分であるならば、政府は「返済不要な貨幣」である国債を「無限」に発行し、財やサービスの購入に使っても構わない。

図⑫の日本政府の負債である「国債」を担保するもの。それは、我々日本国民が財やサービスを生産する力なのである。

だからこそ、【国民経済の五原則】は、

「一、国民経済において、最も重要なのは『需要を満たす供給能力』である。」

「五、現代において、国家が発行する貨幣の裏づけは『供給能力』である。」

となっているのだ。右記は別にきれいごとをいっているわけではなく、抽象論でもなく、紛れもなき真実である。

つまりは、国債発行で「いつでも」貨幣の調達可能な日本政府にとって、税収は「財源」にはならない。というよりも、実際に日本政府は税金を財源になどしていない。

たとえば、2019年の経済活動において、我々が納税すべき金額は「いつ」決定されるだろうか。もちろん、2020年の確定申告が終わった後だ。つまりは、2020年4月16日（※2020年は新型コロナウイルスのパンデミックを受け、確定申告の期限が延長された。普通は3月15日）である。

当たり前だが2019年の予算は2019年12月31日までに執行されている。つまりは、政府は「税金を取らずに、予算を執行した」ことになる。

ならば、政府は2019年の予算執行に際し、いかにして「財源」を得たのだろうか。

日本銀行に国庫短期証券（法律上は財務省証券と呼ぶ）を持ち込み、日銀当座預金を発行させただけだ。

財政法の第七条一項は、次の通りとなっている。

『第七条　国は、国庫金の出納上必要があるときは、財務省証券を発行し又は日本銀行から一時借入金をなすことができる。』

もちろん、財政法では国庫短期証券は歳入（税収）で後から償還することにはなっているが、日本政府が「税収なしで、支出している」事実は決定的である。ところが、世の中のほとんどの人は、「政府は我々から税金を徴収し、支出している」と、考えている。

実際には、政府は証券を日銀に持ち込み、貨幣を発行させ、予算として支出しているのである。そもそも、国家、あるいは財政とはそういう仕組みなのだ。

政府が徴税前、あるいは「税金を徴収しない」段階で支出しているという事実について、スペンディング・ファースト（支出が先）と呼ぶ。日本国民の多数派の認識とは異なり、政府は別に支出に際して徴税は必要としていないのだ。

実は、本質的に税金には「財源」の役割はない。税金など徴収しなくても、政府は普通に支出ができる。国庫短期証券を日銀に持ち込むなり、国債・財投債を市中銀行に渡し、日銀当座預金を調達すればいいだけの話だ。

財務省はMMT理論を対外的には認めている

もっとも、筆者は別に「日本は無税国家になれる」といいたいわけではない。なぜなら税金には財源以外に、さまざまな機能があるためだ。

1、埋め込まれた景気安定化装置（ビルトイン・スタビライザー）：好景気の時期には徴税を増やし、国民の可処分所得を減らすことで景気を鎮静化させる。逆に、不景気の時期には徴税を減らし、可処分所得を増やすことで景気を回復させる。

2、所得再分配による格差縮小：高所得者層から税金を徴収し、低所得者層あるいは「国民」向けの公共サービスに支出することで、格差を是正し、国内を安定化させる。

3、政策的な税制：炭素税やエコカー減税など、特定の政策を実現するための税制。

消費税の政策的な目的は、前章でも触れたが「消費に対する罰金」である。消費という需要不足に悩むデフレ国が、インフレ対策である消費に対する罰金を増やし続けてきた。我が国のデフレーションが継続したのは、至極、当然だ。

さて、本章で解説したさまざまな「貨幣」に関する真実に基づく経済学が、現代貨幣理論（MMT）である。つまりは、根本から間違った商品貨幣論ではなく、正しい信用貨幣論に基づく経済学が誕生したのだ。厳密には、ＭＭＴはケインズやヨーゼフ・シュンペーター、アバ・ラーナーやハイマン・ミンスキーといった過去の「正しい経済学説」の巨人たちの延長線上に成立した考え方になる。第一章の図⑤でいえば、完全に「Ｉ派」に属している。

当たり前だが、正しい貨幣観（信用貨幣論）に基づくＭＭＴに対し、Ⅱ派の主流派経済学者たちは猛烈に反発している。もっとも、ＭＭＴは学説というよりは、単なる現代の貨幣の創出、機能を説明しているに過ぎない。

Ⅱ派の考え方に基づき、財政均衡主義を続けてきた日本の財務省も、当然ながらＭＭＴに対して攻撃を繰り返している。とはいえ、ＭＭＴ的、あるいは筆者のような財政の考え方、あるいは「事実」については、実は財務省自ら過去に主張しているのである。

ＭＭＴ的な財政の考え方によると、

1、変動為替相場制の自国通貨国の「自国通貨建て国債」がデフォルト（債務不履行、いわゆる「財政破綻」）することはあり得ない。

2、政府は適切なインフレ率が維持される限り、国債を発行し、財政赤字を拡大しても構わない。

の2点になる。「2」のポイントは、資本の蓄積が十分で、人材や技術が整えられ、供給能力が高い国においては、政府が財政赤字で需要を拡大したところで、ハイパーインフレーション（年率1万3000％のインフレ）になることはない、という点である。

たとえば、財務省は、2002年、日本の格付けが途上国のボツアナより低い格付けに落とされたことを受け、格付け会社に対する「外国格付け会社宛意見書」を送りつけ、「**日・米など先進国の自国通貨建て国債のデフォルトは考えられない。デフォルトとして如何なる事態を想定しているのか。**」

と、書いている。あるいは、同年の「ムーディーズ宛返信大要」においては、

「**日本は変動相場制の下で、強固な対外バランスもあって国内金融政策の自由度ははるかに大きい。更に、ハイパー・インフレの懸念はゼロに等しい。**」

と、ハイパー・インフレ論まで自ら「嘘である」と宣言しているのだ。外国に対しては。ちなみにこれを書いたのは当時、財務官だった黒田東彦現日銀総裁である。

それにもかかわらず、財務省は日本国内においては財政破綻論を煽り、さまざまな政治家、学者、ジャーナリスト、評論家、財界人に「ご説明」を繰り返し、財政破綻論を主張させている。まさにご都合主義の権化だ。

ちなみに、ムーディーズ宛返信大要において財務省は「日本は変動相場制の下で」と書いているが、これまたMMTが説明した「現代の貨幣の理論」そのままだ。政府の国債が100％、自国通貨建てであったとしても、固定為替相場制の国においては、普通に財政破綻（政府の債務不履行、デフォルト）は起きうる。

財政破綻のリスクがあるのは固定為替相場制採用国のみ

そもそも、読者は為替レートを特定の通貨との間で一定とする「固定為替相場制」について、いかなる仕組みで実現しているのかをご存じだろうか。たとえば、日本政府が、「本日から、1ドル＝100円の固定為替相場とする」と、宣言すれば済む、という話ではないのだ。

日本がアメリカ・ドルとの間で、1ドル＝100円の固定為替相場制を採用していたとしよう。日本企業がアメリカ市場で100億ドル分の製品を売ったとする。つまりは、日本の対米輸出が100億ドルだ。逆に、アメリカの対日輸出がゼロだったと仮定する（実際にはあり得ないが）。つまりは、アメリカの対日貿易赤字100億ドル＝1兆円である。

この場合、アメリカ国内で「ドル」による支払いを受けた日本企業は、一斉に「ドル→日本円」の両替をしようとする。日本企業はドルを持っていたところで、国内従業員への給料も支払えない以上、当然だ。

為替市場においては、猛烈な「円高ドル安」圧力がかかることになるが、これを放置しておくと、当たり前の話として1ドル＝100円は維持できなくなり、たとえば1ドル＝80円など、円高方向に動く。そこで、日本政府や日本銀行は、手持ちや調達した日本円（1兆円）でドルを買い戻す為替介入を行い、1ドル＝100円を維持しなければならない。政府の円売りドル買いの為替介入の結果、手元に残るのはドルである（ドルを買った以上、当然だが）。日本政府のドルは「外貨準備高」として、普通は米国債など流動性が高い（つまりは貨幣化が容易な）債券で運用されることになる。

逆に、日本からアメリカへの輸出がゼロで、アメリカの対日輸出が100億ドルだった場合はどうなるだろうか。日本の対米貿易赤字1兆円。アメリカ企業が一斉に1兆円を100億ドルに両替しようとする。日本政府は固定相場制を維持するために、外貨準備を100億ドル分取り崩し、為替市場で1兆円を買い戻す必要がある。さもなければ、日本円の対ドルレートは下落し、固定為替相場制を維持できなくなってしまうのだ。

かつての金本位制時代の世界主要国は、まさに「固定為替相場制」だった。自国通貨の為替レートを「特定レート」で金と固定していた。となると、貿易赤字国は対金固定為替レート制を維持するために、政府は手持ちの金を取り崩し、自国通貨を買い戻す必要に迫られる。国内の金が不足すると、政府は、

1、外国から金を借りる（※現代でいえば、外貨建て国債の発行）。
2、対金の為替レートを引き下げる（※現代で言えば、為替レート引き下げ）。
3、輸入を減らし、貿易赤字を削減するために、緊縮財政を採る。

の、いずれかが求められることになる。金本位制にせよ、現代の固定為替相場制にせよ、政策が外国為替市場の影響を受けることになってしまうのだ。

実際、１９２９年、世界大恐慌勃発の直前に発足した日本の濱口雄幸内閣は、金本位制復帰（いわゆる「金解禁」）を図った。しかも、実態よりも「円高」の為替レートで金本位制に復帰したため、貿易赤字拡大を防ぐ必要に迫られ、濱口内閣は輸入を減らすために緊縮財政を強行。「大恐慌」に「緊縮財政」が重なったため、日本経済は「昭和恐慌」に叩き込まれ、社会は不安定化し、濱口首相は１９３０年に凶弾に倒れた（その後、犬養内閣が金本位制から離脱した）。

固定為替相場制の問題は、政府の財政に関する「裁量」が著しく縮少することにある。現代に至っても、固定為替相場制の国が国債市場で自国国債を叩き売られると、金利が上昇し、政府は緊縮財政を強要される。固定為替相場制の国には、確かに「財政破綻（政府のデフォルト）」のリスクがあるのだ。

さて、日本は変動為替相場制の独自通貨国であるため、前述したように日本円建ての国債のデフォルトはあり得ない。まさに日本の「財務省」が「外国」には宣言している通りである。

とはいえ、固定為替相場制を採用している国は、自国通貨建て国債でも債務不履行になるケースはあり得る。たとえば、１９９８年に財政破綻したロシアは、確かにロシア・ルーブル建ての国債のデフォルトに追い込まれた。だが、当時のロシアは対ドル固定為替相場制を採っていたのだ。ロシア国債を保有している投資家にとって、ルーブル建て国債は

「ドル建て国債」とイコールだったのだ（為替レートが固定である以上、当然、そうなる）。

ルーブル安圧力にさらされたロシア政府は、外貨準備を取り崩し、為替レートを防衛していた。やがて、ロシア政府はギブアップ。為替レートを変動相場制に移行しようとし、さらに通貨安圧力が高まり、最終的にはデフォルトを選択したのである。

また、２０２０年3月、レバノン政府が「外貨建て国債」をデフォルトした。レバノンも、レバノン・ポンドを対ドルで固定していた。つまりは、固定為替相場制だったのだ。レバノンは、過去30年、一度も貿易収支が黒字化したことがない。貿易赤字が続くレバノンが、極端な輸入インフレを防ぐためには、対ドル固定為替相場制を採るしかない。そして、貿易赤字国が外貨準備を用意するには、外貨建て国債を発行するしかない。

レバノン政府は貿易赤字拡大と通貨安圧力が続く中、外貨建て国債の返済を迫られた。手持ちの外貨準備で返済してしまうと、通貨防衛が不可能になる。すると、レバノン・ポンドは対ドルで暴落し、インフレ率が急騰し、さらに外貨建て負債の返済が不可能になる。というわけで、レバノン政府はデフォルトを選択した。

ロシアとレバノンの事例からも分かる通り、固定為替相場制の国、外貨建て国債を発行している国、あるいは共通通貨ユーロ加盟国にはデフォルトのリスクがある。それに対し、変動為替相場制の独自通貨国、特に「供給能力」が十分で、経常収支が黒字で外貨準備が膨大な「主権通貨国」は、絶対に財政破綻に陥ることはない。さらには、資本蓄積や供給能力が十分である国が、ハイパーインフレーションに陥ることもあり得ない。

無論、財政破綻やハイパーインフレーションはなかったとしても、「インフレ率の上昇」はあり得る。そもそも、金本位制や固定為替相場制の目的は「高インフレを抑制する」ことなのである。

資本蓄積が不十分なロシアやレバノン、あるいは２０１２年に「共通通貨（ユーロ）建て国債」のデフォルトしたギリシャ、２００１年にドル建て国債の債務不履行となったアルゼンチンなどが、変動為替相場制を採用できなかったのは、インフレ率が上昇しやすいためなのである。世界最大の対外純資産国である日本は、所得収支の黒字が巨額で、経常収支黒字が延々と続く構造になっている。また、日本経済の宿痾は「デフレ」であって、高インフレ率ではない。日本は、むしろインフレ率を引き上げるために、国債発行と財政出動を拡大しなければならない。そんなことは、財務省も分かっているからこそ、前述したとおり、

「日・米など先進国の自国通貨建て国債のデフォルトは考えられない。デフォルトとして如何なる事態を想定しているのか」

と、書いたのだ。あるいは、同年の「ムーディーズ宛返信大要」において、

「日本は変動相場制の下で、強固な対外バランスもあって国内金融政策の自由度ははるかに大きい。更に、ハイパー・インフレの懸念はゼロに等しい」

と、外国に対してはいってのける。

実は、財務省は筆者が本書で解説している「事実」、経済学でいえば「MMT」を理解している。それにもかかわらず、財務省は国内で、

「国の借金で破綻する！　消費税増税！　政府の無駄を削れ！」

といったプロパガンダを展開し、国民を貧困のどん底に叩き落とし、日本国を亡国に導こうとしている。

財務省のMMTへの姑息な反論

財務省の緊縮財政至上主義は、「経済学」的には完全に主流派、図⑤のI派に属している。I派の考え方は、そもそもの目的が「インフレ抑制」なのである。世に出る経済学のほぼすべてが「インフレ抑制」のための財政均衡主義を善とし、緊縮財政を推奨しているわけで、財務省にとっては都合が良い状況が続いていた。

でたらめな主流派経済学の理論に胡坐(あぐら)をかいていた財務省にとって、正しい貨幣論に基づく「経済学」が勃興してくることは、さすがに想定外だったのだろう。

2019年1月、アメリカ民主党の下院議員アレクサンドリア・オカシオ・コルテスがMMTについて「検討するべきだ」と発言。MMTへの注目が一気に高まることになった。

筆者らは元々、MMT的な貨幣論に基づき、図⑤のI派に属する経済政策を提言し続けていた。MMT支持派は、2019年夏にMMTの主導的な経済学者であるニューヨーク州立大学のステファニー・ケルトン教授を日本に招待し、第1回MMT国際シンポジウムを開催した。

さらに、11月にはMMTの名付け親でもある、ニューカッスル大学（オーストラリア）のビル・ミッチェル教授を招待。第2回MMT国際シンポジウムが開かれた。

MMT派というか「信用貨幣論」に基づく反・緊縮財政の攻勢を受け、財務省はMMTに「反対」する資料を、自省の御用機関である財政制度等審議会に提出した。

もっとも、報道では「財務省のMMTへの反論資料」と書かれてはいるものの、実は財務省は資料において、MMTにはまったく反論していない。それどころか、論評もしていない。

「反論」資料は60ページを超す分厚さであるが、MMTに関連する箇所は4ページのみだ。しかも、MMTに関する説明は半ページのみで、残りは全て「権威（経済学者など）」による反MMTの発言で埋め尽くされていた。「権威」を利用し、自らは何も意見せず、相手を貶めようという権威プロパガンダ（権威に訴える論証）である。

ちなみに、財務省のMMTの解説（わずか半ページだが）が実に興味深い。財務省は、MMTについて前出のステファニー・ケルトン教授などが提唱しており、アレクサンドリア・オカシオ‐コルテス下院議員や、バーニー・サンダース上院議員などが支持していると解説し、その上で、黒田東彦日銀総裁の答弁を掲載している。

『それらの方（※ＭＭＴ派）がいっておられる基本的な考え方というのは、自国通貨建て政府債務はデフォルトしないため、財政政策は、財政赤字や債務残高などを考慮せずに、景気安定化に専念すべきだ、ということのようです。（２０１９年3月15日黒田日銀総裁会見）』

ＭＭＴは、単に現代の「貨幣」について説明した純粋理論である。ところが、ＭＭＴは「自国通貨建ての国債のデフォルトはあり得ない」ことの正しさを証明してしまったため、我が国において一気に政治色を帯びることになった。

政治面から見たＭＭＴの肝は、まさに黒田日銀総裁のいう「自国通貨建て政府債務はデフォルトしない」なのである。財務省は「反論」資料において、興味深いことに「自国通貨建て政府債務はデフォルトしない」については、何のコメントもしていない。

「自国通貨建て政府債務はデフォルトしない」は単なる事実である。すでに触れたように、財務省自身が認めているのである。下手に反論すると、財務省は「嘘つき」であることを自ら証明することになってしまう。だからこそ、財務省はＭＭＴには一切コメントせず、ひたすら反ＭＭＴ派の論客の発言を列挙するしかなかったのだ。

自ら「自国通貨建て国債」のデフォルト、つまりは「日本の財政破綻」があり得ないことを「外国」に対しては表明し、国内で財政破綻を煽り続けたのが財務省だ。さすがに、自らあり得ないと（外国には）宣言した「自国通貨建て国債のデフォルト」について、今更「やっぱりあるかも」といいだすことは不可能だ。

財務省が本気でMMTに反論するならば、「自国通貨建て国債がデフォルトする」ことを証明しなければならないが、60ページ以上という膨大な資料のどこを探しても書いていない。代わりに、14ページにおいて、

『内国債は、国民が貸し手であるため、将来世代への負担の転嫁は生じないとの指摘があるが、グローバル化が進んだ現代の国債市場では、妥当する余地が限られていく議論。』

と、あたかも反・緊縮財政派が「内国債だから破綻しない」と主張しているかのごとく「藁人形」をでっち上げ、釘を打ち込むことで攻撃している。いわゆる「ストローマン（藁人形）プロパガンダ」である。

筆者は反・緊縮財政の最前線で戦う一人だが、「国民が貸し手であるため、将来世代への負担の転嫁は生じない」といった主張は聞いたことがない。反・緊縮財政派は、日本国債が100％日本円建てで、日本政府は子会社の日銀に国債を（日銀当座預金を発行させ）買い取らせることで、負債の返済・利払い負担が消滅する。故に、日本政府の財政破綻はあり得ない、と主張しているに過ぎない。つまりは、黒田日銀総裁のいう「自国通貨建て政府債務はデフォルトしない」である。

図⑭　2019年末時点　日本国債・財投債の所有者別内訳

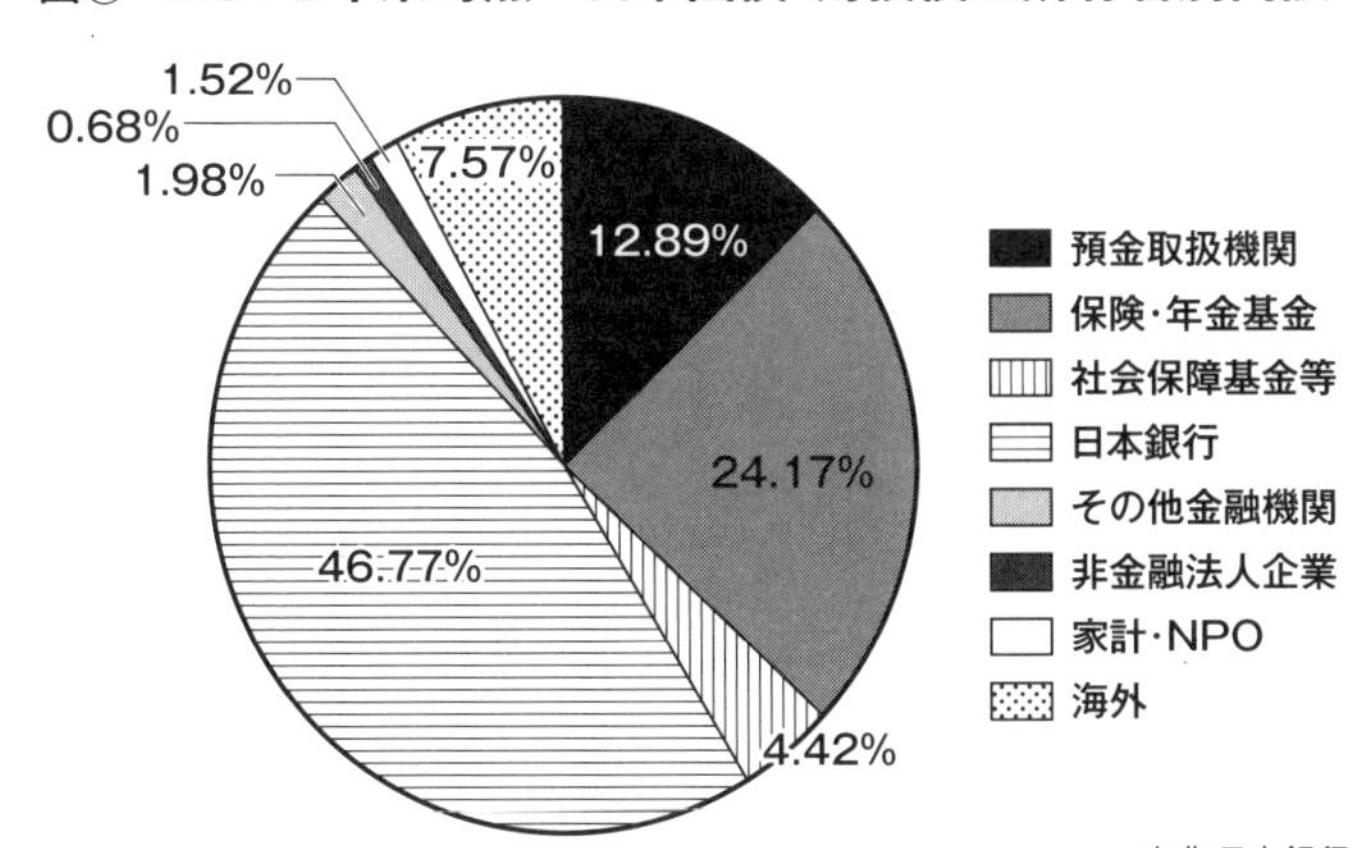

出典:日本銀行
※「日本国債・財投債」には財政融資資金の約97兆円を含む。

そもそも、ＭＭＴにしても国債の保有者については、特に論評していない。理由は、関係がないためだ。日本円建ての国債は、別に誰が持とうと「日本円建ての国債」である。当たり前だ。

また、現実の日本国債の保有者は「国民」というよりは「金融機関」である。さらに、直近のデータによると、日本国債・財投債（合計１０３７兆円）の約47％はすでに日本銀行の保有になっている。

本来、日本銀行が保有する国債・財投債の47％について、日本政府は「国の借金（正しくは政府の負債）」に含めてはならないはずだ。前述したように返済も利払いも不要なのである。日本政府と日本銀行が親会社・子会社の関係にあるため、連結決算で相殺される。この事実の否定は不可能だ。

子会社の中央銀行に国債を買い取らせることで債務負担が消滅するからこそ、「自国通貨建て政府債務はデフォルトしない」のだ。財務省は、この「事実」については一切否定しておらず（できるはずがない）、論評もしていない。つまりは、財務省にとってもっとも「痛恨の事実」というわけだ。

ＭＭＴは、変動為替相場制の国の政府が発行した、自国通貨建て国債で財政破綻することがあり得ないことを証明してしまった。だからこそ、財務省はＭＭＴを目の敵にして攻撃をしている。しかし、肝心要の「自国通貨建て政府債務はデフォルトしない」については、財務省は否定することは不可能だ。というわけで、権威プロパガンダやストローマンプロパガンダに頼るのだ。

財務省は国民の資産を減らそうという魂胆がある⁉

ところで、財務省はＭＭＴに対する「反論資料」において、一つ、実に興味深いことを書いている。

筆者ら反・緊縮財政派は、日本銀行が日本政府の子会社であることを受け、一般政府と中央銀行を合わせた「統合政府」で経済や財政を考える。統合政府の場合、日本銀行が保有する国債は、実質的に「政府の負債」ではなくなる。返済も利払いも不要であるわけだから当然だ。要するに、現金紙幣と同じである。

自国通貨建て国債のみしか発行していない国は、中央銀行が自国通貨を発行し、国債を買い取ることで返済負担が消滅する。だからこそ、黒田日銀総裁の発言にもあるように**「自国通貨建て政府債務はデフォルトしない」**のである。

財務省が財政破綻論を主張するならば、**「自国通貨建て政府債務はデフォルトしない」**に反論する必要があるわけだが、正面からは不可能なので（嘘つきになってしまう）、「反論資料」では搦め手で否定してきた。

『日本銀行の国債保有について

○政府と日本銀行を統合して考えれば政府の負債（国債）と日本銀行が保有する資産（国債）が相殺されるとの指摘があるが、仮に政府と日本銀行のB／Sを統合したとしても、日銀の保有する国債の額だけ政府の債務が見かけ上減少するだけであり、当座預金等の日銀の債務が負債に計上されるため、負債超過の状態は変わらない。』

実に興味深い。

少なくとも、日銀が保有する国債について、財務省も統合政府で考えると「日銀の保有する国債の額だけ政府の債務が見かけ上減少する」ことは認めた上で（ここがポイントだ

図⑮　統合政府のバランスシート（兆円）

	借方	貸方
現金	0.0	117.7
日銀当座預金	15.5	416.1
国庫短期証券	0.0	85.5
国債・財投債	45.8	454.9
その他の金融資産	677.6	
その他の金融負債		325.9
純資産		−661.1

出典:日本銀行「資金循環統計」

が）、

「当座預金等の日銀の債務が負債に計上されるため、負債超過の状態は変わらない」

と書いているのである。当座預金等とは、具体的には現金紙幣と日銀当座預金のことになる。財務省は現金紙幣や日銀当座預金という負債の存在により「負債超過」であることは同じであると反論しているのだ。ということは、財務省は政府の「負債超過（＝純負債）」について悪と認識していることになる。あるいは、認識させようとしている。

そこで、図⑫と図⑬を合算し、政府と日本銀行を合わせた「統合政府」のバランスシートを作成してみよう（図⑮）。

当たり前だが、一般政府と日銀を統合した相殺される国債は、日銀保有分（485・2兆円）のみで、統合政府のBSでも「国債・財投債」は454・9兆円分残っている。もっとも、負債の半分程度は、元々は日銀の負債として計上されていた現金（117・7兆円）、日銀当座預金（416・1兆円）に姿を転じた。

財務省は、

「当座預金等の日銀の債務が負債に計上される」

と書いている。それはその通りだ。ということは、財務省は、

「現金や日銀当座預金といった【国の借金】が原因で、日本は財政破綻する！」

と、いいたいのだろうか。

あるいは、統合政府にしたところで、日銀の純資産（36・4兆円）の金額分、政府の純負債が消えるだけであるため、財務省のいう「負債超過」は▲661・1兆円で計上されている（＝697・5－36・4）。この一般政府や統合政府の負債超過、純負債が問題であり、661・1兆円を「ゼロにする必要がある」と財務省は主張しているのだろうか（そうとしか読めないが）。

【経済の五原則】の三にもある通り、誰かの金融資産は、誰かの金融負債である。そして、誰かの純資産は、誰かの純負債。

何度も繰り返すが、政府の純負債を縮小し、ゼロにするということは、その分、我々国民の「純資産」が削られるという話になってしまう。つまりは、財務省には我々の財産を減らそうという魂胆があるとしか思えないのだ。

PB黒字化は、所得面で国民を貧乏にする。さらに「負債超過」の削減は、資産面で国民の金融資産を根こそぎ奪い取ることを意味する。

財務官僚がそこまで深く考えたとは思わないが、いずれにせよ「誰かの純負債は、誰か

の純資産」であり「政府の純負債は、国民の純資産」であるという事実くらいは認識して欲しいと、切実に思う。

ところで、統合政府のバランスシートの貸方（右側）を見ると、面白いことが分かる。現金とは文字通り「現金紙幣」である。現金紙幣について「借金だ！」と、騒ぎ立てる人はいない。

日銀当座預金と国債は、共に「統合政府」の負債だが、両者の「違い」は、

「当座預金には金利が付かず、国債には金利が付く」

以外には存在しない。

我々、一般の国民や企業が日常的に使用する「銀行預金」で考えてみよう。銀行預金は市中銀行の負債だが、主に金利が付かない当座預金と、付利される定期預金（あるいは普通預金）に分かれている。日銀当座預金は、市中銀行の当座預金と性質がまったく同じである。それでは「国債」は？

国債は、一定期間（償還期限まで）は現金化できず（※金融市場で売買することは可能だが）、利子が付く。つまりは、国債は定期預金と同じなのである。要するに、

「国債という債務が原因で、政府は財政破綻する！」

といったレトリックは、何と、

「定期預金という債務が原因で、市中銀行が倒産する！」

といっているのに等しいという話になるのだ。

どこの世界に「定期預金の額が膨らんで銀行が破綻する」などと騒ぎ立てる者がいるというのだろうか。日本国内に蔓延した財政破綻論者が、いかに無知であるか、財務省がどれほどでたらめか、この一点だけでも理解できる。財務省や財政破綻論者は、「銀行は定期預金が増えると破綻する！」と叫んでいるのも同然なのである。

日本の低金利はＰＢや国債発行残高とは何の関係もない

ところで、現在の日本政府が採用している財政目標は、長期の財政削減計画である。すなわち、ＰＢ黒字化目標だ。

なぜ、ＰＢを黒字化しなければならないのか。財務省や財政破綻派の説明は、頻繁に変わるが、一般的には、

「ＰＢを黒字化しなければ国債が暴落し、国債金利が暴騰し、日銀が国債を買い取り、ハイパーインフレーションになる！」

というものになる。図⑯の通り、日本はリーマンショック時にＰＢ赤字を対ＧＤＰ比で７・３％（２００９年）にまで拡大した。結果的に、国債が暴落し、国債金利が急騰しただろうか。あるいは、インフレ率はどうなっただろうか。

図⑯　日本の基礎的財政収支、長期金利、インフレ率の推移

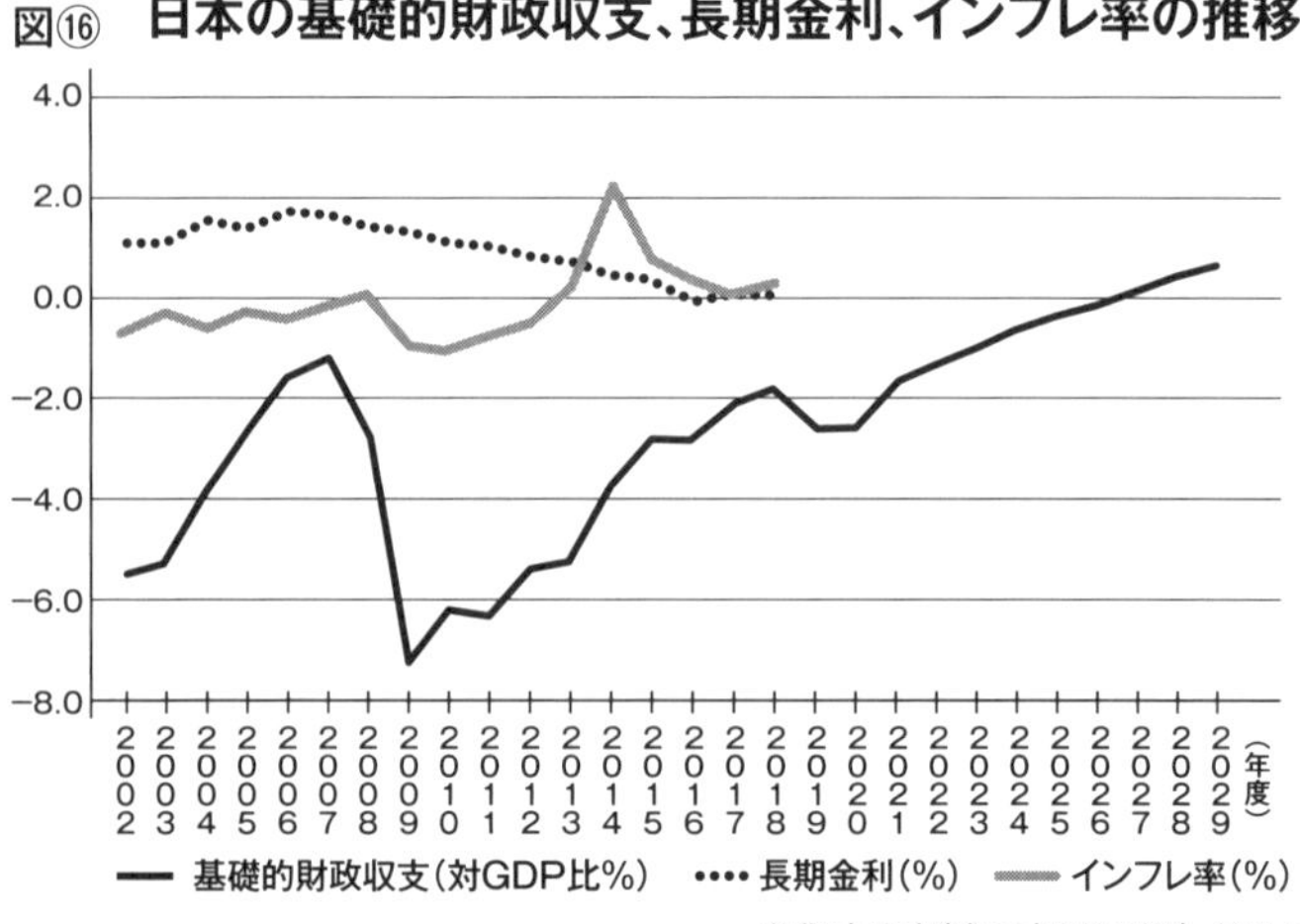

※長期金利：新規10年物国債発行金利
※インフレ率：食料（酒類除く）・エネルギーを除く総合消費者物価指数

長期金利で見た2009年の国債金利は1・3%。2010年が1・1%。インフレ率は、2009年が▲1%、2010年が▲1・1%。これではインフレ率というより、デフレ率だ。

リーマンショック後の経済対策のために、PB赤字を一気に拡大したにもかかわらず、国債金利上昇もインフレ率上昇も起きていない。当たり前だ。日本はデフレーションなのである。

もちろん、政府がPB赤字を拡大し、図②のデフレギャップを埋め、インフレギャップ化するほどに需要を増やしてくれれば、インフレ率は上昇に向かう。実際にインフレになり、金融市場のインフレ期待が高まれば、金利水準は上昇に向かう。

たとえば、インフレ率2%の国において、

1・5%の金利でお金を貸す金融機関は存在しない。逆ザヤで損をしてしまう。

要するに、現在も続く日本の低金利は、PBや国債発行残高とは何の関係もないのだ。単に、デフレーションが継続しているためである。無論、日本銀行が日銀当座預金で国債を買い取る、いわゆる量的緩和政策も影響はしている。とはいえ、日本の長期金利は元々2%未満という、世界的には「異様な低金利」であった上に、2013年の量的緩和政策開始前から低下していった。理由は、デフレ継続で金融市場のデフレ期待が高まったためだ。PBがどうであろうとも、デフレが続く限り国債金利は上昇しない。

それ以前に、政府がPB黒字化のような「長期の財政削減計画」を持っている時点で、異常なのである。図の通り、日本政府はPB赤字を長期的に解消し、黒字化することを目標としている。【国民経済の五原則】の四、

「国民経済において、誰かの黒字は必ず誰かの赤字である」

であるため、政府の長期的な財政削減目標、すなわちPB黒字化目標は、

「日本政府は最終的に民間を赤字化する計画を立てている」

ということが理解できる。まさに、狂気である。

そもそも、政府の財政について「長期計画」を持つことがナンセンスなのである。理由は、経済とは不確実で「何が起きるか分からない」ためである。

図⑤のⅡ派に属する主流派経済学者は、経済について「自然現象」であると理解し、あ

図⑰　国民経済のシンク（水槽）

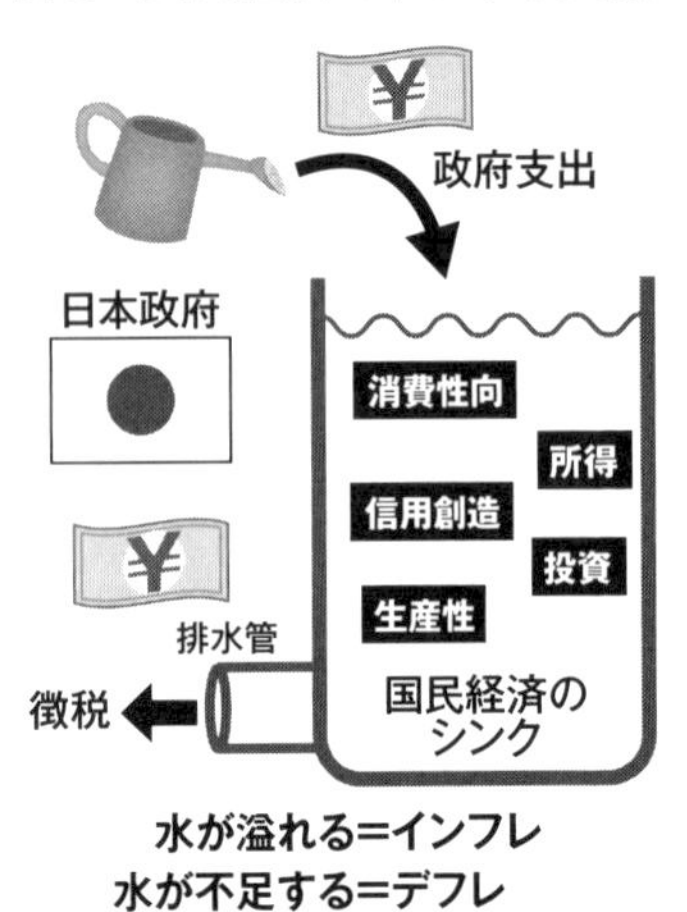

たかも「万有引力の法則」があるがごとく、さまざまな法則、原則、理論、モデルを追い求めると書いた。セイの法則、リカード比較優位論、一般均衡理論、ヘクシャー＝オリーン・モデル、クラウディングアウト理論、マンデル＝フレミング・モデルなどなど、全ては多種多様な条件が満たされたときのみ、成立する「可能性がある」程度の代物に過ぎない。

それにもかかわらず、経済学者は各種の法則を、あたかも金科玉条のごとく振りかざし、経済政策を歪めてきた。厳密には、政治力が強い特定ビジネス層のための政策を「国民国家」に強いてきたわけである。

現実には、経済は自然現象ではなく不確実だ。そもそも、不完全な人間の営みである以上、当たり前なのである。

国民経済は、水を溜めるシンクで考えるとわかりやすい。シンクの中では、所得や消費性向、信用創造、投資、生産性などの変動により、水位が上がったり下がったりする。シンクから水が溢れるほどに水位が上昇するのがインフレーションで、水がひたすら減っていくのがデフレーションになる。シンクの「大きさ」は、主に投資や生産性により変動する。シンクが大きくなる現象を「経済成長」と呼ぶ。

政府の役割は、シンクの水位を見ながら、必要があれば政府支出で水（貨幣）を注ぎ込み、あるいは排水管から徴税で水を抜くことである。調整こそが政府の役割であり、だからこそ財政は「機能的」でなければならない。

財務省が望む長期の財政削減計画は、国家の緩やかな自殺

そもそも、財政とは政府支出にせよ、徴税にせよ、国民経済を適切な推移で運営するための手段に過ぎないのだ。これが、図⑤のＩ派に属する機能的財政論の考え方だ。

つまりは、財政は可能な限り「短期で調整」されることが望ましい。少なくとも、年、四半期、月といった単位で経済指標を確認し、適切な推移を追い求めるのが理想的だ。

とはいえ、現実には財政の「長期拡大計画」が必要となる。

たとえば、公共交通インフラの整備などは、事業の性質上、必然的に長期プロジェクトにならざるを得ない。リニア新幹線を単年度で建設できると考える人はいない。

また、シンクの中で行われる企業の「投資」は、当たり前の話として「長期的視点」に基づき決断される。工場を「1年」のみの需要のために建設する企業はない。

工場等の固定資産は、長期にわたり使い続けることが前提だ。だからこそ「減価償却」という仕組みがある。

政府が長期の財政拡大計画を立て、確実に予算が支出されることをコミットする。すると、企業は「将来的な需要拡大」を予見し、設備投資や技術投資、人材投資に乗り出す。結果的に生産性が高まれば、シンクの大きさが拡大していく。すなわち、経済成長だ。

もっとも、シンクから水が溢れ出すような高インフレ期には、政府は長期の財政拡大政策を調整する必要に迫られる。つまりは、予算執行の後ろ倒しなどの「抑制」である。

国民経済が成長する上で、政府の「長期の財政拡大計画」と、インフレ率に基づく「調整」の組み合わせこそが、最も理想的なのだろう。財政計画に完全に依存するのは問題だが、国民経済にとって「財政拡大」の長期計画が不可欠なのは疑いない。

意味が不明なのは、長期の「財政削減計画」だ。代表的な例が、まさに我が国のPB黒字化目標である。高インフレ率に苦しんでいるのでもない限り、長期的な財政削減計画は、国民経済に正の影響はまったく与えない。つまりは、日本の財務省が固執する長期の財政削減計画（PB黒字化目標）は、単純にイデオロギーの産物だということになる。国家の長期の財政削減計画は、人間でいえば「緩やかな自殺」に該当する。

それにもかかわらず、我が国では「長期の財政削減計画」が立てられ続ける。

PB黒字化路線が終わらないというよりは「止められない」理由は、国民や政治家の

「貨幣」に関する認識の間違いがある。現在の日本では、長期の財政削減目標（ＰＢ黒字化目標）はあるが、長期の財政拡大目標は存在しない。

日本の高度成長期からバブル期までは、政治の力により「予算規模が示された長期計画」が存在した。いわゆる、国土計画だ。企業は、政府の長期財政計画により需要拡大を予測し、設備投資や技術投資、人材投資を繰り返した。結果的に、我が国の国民経済は高度成長を達成したのである。

国土計画から予算規模（つまりは数字）が消えたのは、橋本政権下の「第５次の全国総合開発計画　21世紀の国土のグランドデザイン」からである。長期の予算規模が不明になった結果、企業の投資意欲が縮小し、その後のデフレーションが長期化することになった。もっとも、ＰＢという長期の財政削減目標がある以上、長期の財政拡大目標を立てることなどできるはずもない。

まずは、ＰＢ黒字化目標という長期の財政削減目標を破棄する。そのためには、国民の多くが「貨幣」について正しく認識し、長期の財政削減目標が「国家の緩やかな自殺」であることを理解しなければならない。

何しろ、財務省主導の緊縮財政や長期の財政削減目標（ＰＢ黒字化目標）の影響で、我が国の経済成長率は世界最悪。このままでは、先進国どころか中堅国ですらない、衰退国に落ちぶれることが確定しているのだ。

図⑱　主要国のGDPと政府支出のプロット図

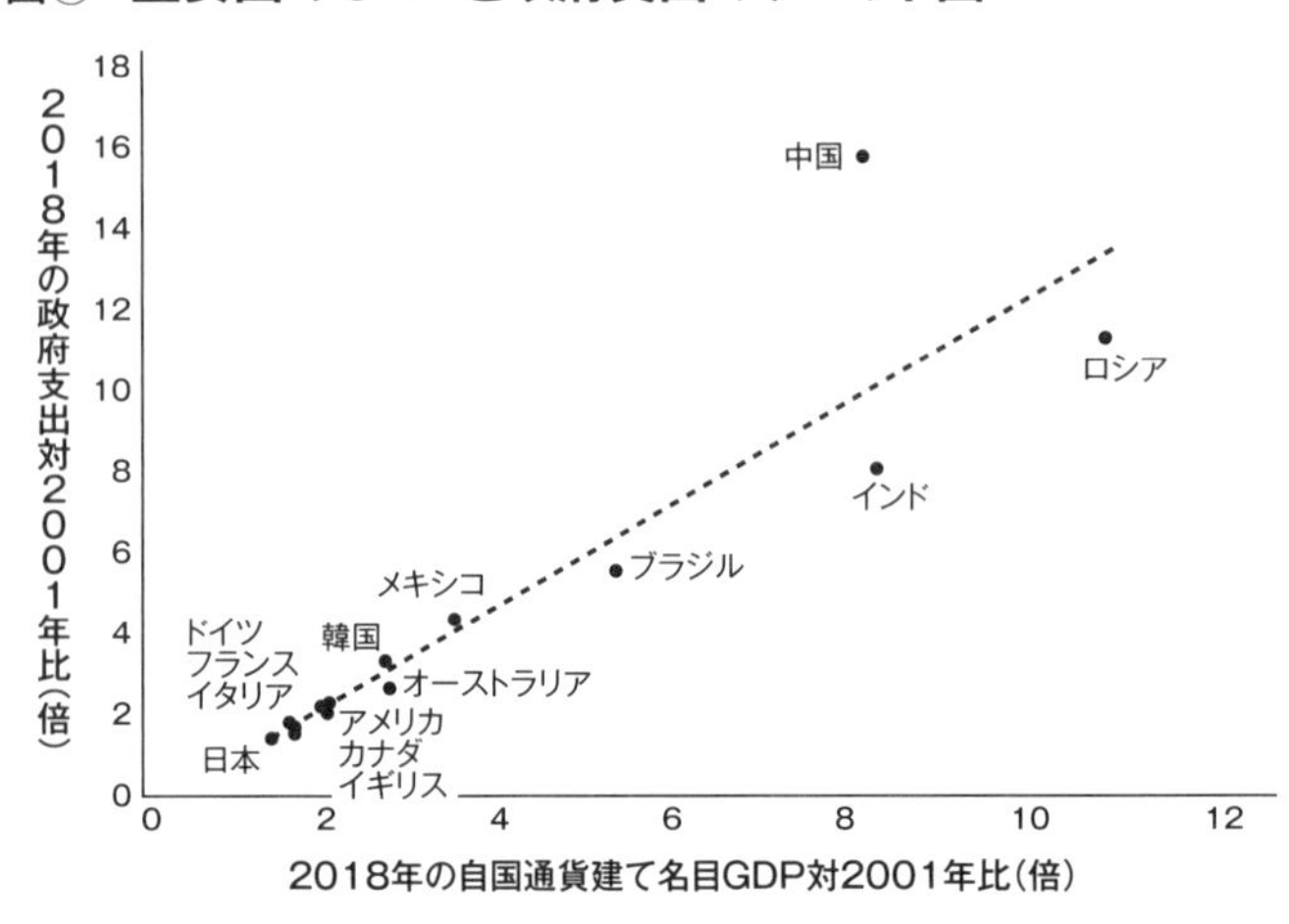

図⑱は、主要国の「自国通貨建て名目GDP」と「政府支出（※自国通貨建て）」について、2018年の値が2001年の「何倍になったのか？」を計算し、プロットしたものだ。図⑱の通り、名目GDPと政府支出の間には、明確な相関関係がある。

政府支出を増やした国（中国、ロシア、インドなど）は名目GDPが激増した。逆に、政府支出をまったく増やさなかった国、すなわち我が国は、21世紀に入って以降、名目GDPがまったく増えていない。

当たり前である。政府最終消費支出や公的固定資本形成といった政府の支出は、名目GDPの需要項目の一部なのだ。デフレで民間が消費や投資を増やさない国において、政府までもが支出を絞り込んだ。我が国の経済が劣等生どころか「落第生」になってしまったのは、至極、当然である。

特に、先進国の政府支出と名目ＧＤＰの相関関係は強力だ。オーストラリアは政府支出が２・７倍、名目ＧＤＰが２・６倍。アメリカ、イギリス、カナダは、政府支出と名目ＧＤＰの双方が約2倍。ドイツ、フランス、イタリアは、政府支出と名目ＧＤＰが約１・５倍。そして、我が国は政府支出、名目ＧＤＰ、共に約1倍。

「日本は政府支出が1倍で、名目ＧＤＰも1倍」なのではない。

「日本は政府支出が1倍であるが故に、名目ＧＤＰも1倍」が正しい。

図⑱が示す、見るも無残な「落第の成績」の原因は、「日本国民が怠けていた」「努力をしなかった」「人口が減っているから」ではない。単純に、財務省が緊縮財政路線を堅持したために、落第国に転落したのである。

２０１８年の日本政府の支出が対２００１年比で2倍になっていた場合、間違いなく我が国のＧＤＰは１０００兆円を超えていた。ところが現実は、延々と５００兆円台の前半で推移し、まったく成長していない。

主流派経済学に忠実で、インフレ恐怖症

それにしても、財務省はなぜここまで「亡国路線」である緊縮財政に固執するのだろう

か。

日本の財務省は、前身の大蔵省時代から「緊縮財政」を志向し続けた。大蔵省は１８６９年に明治政府の金穀出納所、さらには会計官の業務を引き継ぐ形で設立された。その後、１８８５年に内閣制度が始まり、初代大蔵大臣として松方正義が就任。松方は、当時の明治政府が不換紙幣を発行していたことを問題視し、銀本位制の導入を目指して緊縮財政を強行した。

結果的に、現代同様に日本経済は「松方デフレ」と呼ばれる不況に突入。米や繭など農産物価格が下落し、農民は貧困化し、農村は窮乏。所得縮小に耐えかねた農民は農地を売却し、小作農化するか、あるいは都市へと逃亡していく。さらには、経済的困窮から蜂起する農民が続出し、反政府運動が一気に広まる羽目になった。実のところ、財務省は、大蔵省として発足した当初から緊縮志向だったのだ。財務省が緊縮なのは、今に始まった話ではない。

先にも触れたが、１９２９年のＮＹ株式大暴落に端を発する世界大恐慌期、大蔵省（当時）は濱口内閣の大蔵大臣に就任した井上準之助の下で金本位制復帰（金解禁）を目指し、緊縮財政を強行。多くの国民を貧困のどん底に叩き落とした。

結果的に、１９３０年に濱口首相に対する銃撃事件（後に死去）、五・一五事件（１９３２年）、二・二六事件（１９３６年）と、日本はテロの季節に突入する羽目になった。

思想的なバックボーンでいえば、財務省や財務官僚は図⑤のⅡに属している。財務官僚は「大蔵官僚」の時代から主流派経済学に忠実で、インフレ恐怖症だ。しかも、多くの官僚がフルブライト留学生としてアメリカに渡り、シカゴ大学などで主流派経済学の「教義」を叩き込まれて帰国する。

もっとも、日本の財務省の緊縮路線には、大東亜戦争敗北と、その後の国民の「戦争嫌悪症」も影響している。１９４５年に、日本は大東亜戦争に敗北。その後、アメリカの占領下に置かれたわけだが、１９４７年3月31日に「財政法」が施行された。

何と、現在の日本でも有効な財政法は、アメリカ占領下で制定されたのである。

財政法の第四条は、国債発行について以下の通り定めている。

『財政法　第四条　国の歳出は、公債又は借入金以外の歳入を以て、その財源としなければならない。但し、公共事業費、出資金及び貸付金の財源については、国会の議決を経た金額の範囲内で、公債を発行し又は借入金をなすことができる。』

日本では、実は建設国債（公共事業費等の財源）を除くと、そもそも国債発行が「法律」で禁止されているのである。結果的に、建設国債以外の国債、いわゆる赤字国債（正しくは特例国債）を発行するためには、政府は特定公債法を国会で通す必要がある（実際に、通している）。

また、財政法五条では、日本銀行の国債買取について、

『財政法　第五条　すべて、公債の発行については、日本銀行にこれを引き受けさせ、又、借入金の借入については、日本銀行からこれを借り入れてはならない。但し、特別の事由がある場合において、国会の議決を経た金額の範囲内では、この限りでない。』

と、これまた原則禁止している。

ちなみに、現在の日本銀行の量的緩和は、市中銀行からの国債買取であり、財政法五条で禁じられた直接引き受けには該当しない。筆者は、２０１１年に東日本大震災が発生した際に、まさに「特別の事由」に該当するため、日銀が政府から国債を買い取り（直接引き受け）、復興財源を確保するべきと主張した。ところが、財務省の緊縮派のパワーは凄まじく、何と「復興増税」という信じがたい愚策が決まってしまった。

それにしても、なぜ日本政府は「アメリカ占領下」において、国債発行や日銀直接引き受けを禁じる法律を制定したのだろうか。共産党の機関紙「赤旗」は、財政法四条の起案者であった大蔵省（現・財務省）主計局法規課長、平井平治の発言を紹介している。（２００８年４月24日付　しんぶん赤旗「公債発行を禁じた財政法の規定はなぜできたの？」より）

《わが国の財政法は、「国の歳出は、公債又は借入金以外の歳入を以て、その財源としなければならない」（第４条）とし、国債の発行を原則として禁止しています。

この規定は、戦前、天皇制政府がおこなった無謀な侵略戦争が、膨大な戦時国債の発行があってはじめて可能であったという反省にもとづいて、財政法制定にさいして設けられたもので、憲法の前文および第9条の平和主義に照応するものです。

この点について、現行財政法の制定時の直接の起案者である平井平治氏（当時、大蔵省主計局法規課長）は、当時の解説書（「財政法逐条解説」1947年）で、次のようにのべています。

「戦争危険の防止については、戦争と公債がいかに密接不離の関係にあるかは、各国の歴史をひもとくまでもなく、わが国の歴史をみても公債なくして戦争の計画遂行の不可能であったことを考察すれば明らかである、……公債のないところに戦争はないと断言しうるのである、従って、本条（財政法第4条）はまた憲法の戦争放棄の規定を裏書き保証せんとするものであるともいいうる」》

要するに、平井氏は「国債を発行すると、戦争になる」という、摩訶不思議な理屈に基づき、財政法四条を起案したのだ。

もちろん戦争が勃発したならば、政府は国債を発行せざるを得ない。敵の侵略の際に、「あ、ちょっと待って！　今、お金がないから、攻めないで」

などといったところで、聞いてもらえるはずがない。

戦争には、国債がつきものだ。だからといって、国債を発行しなければ、戦争は起きない、などといったお花畑思考が通用するはずがない。

国債発行を渋ることこそが、戦争という厄災を招く

むしろ日本がこのまま緊縮路線を貫き、経済が成長せず、防衛力の強化もできず、仮想敵国である中国との軍事バランスが崩れると、最終的な戦争は避けられない。戦争恐怖症で国債発行を妨害する財務省の路線こそが、逆に戦争への道なのだ。

大蔵省発足当初からの緊縮志向に、主流派経済学のインフレ恐怖症、戦後の戦争恐怖症といった「考え方」が加わり、財務省内で、

「緊縮財政は善。緊縮財政を推進する官僚が、出世する」

という文化が醸成されていった。これが、日本の緊縮路線の真相だ。

実際、財務省内では「出世のために緊縮財政に貢献する」という出世ゲームが日夜、繰り広げられている。そこに「国民の幸福」といった視点は存在しない。国民を不幸のどん底に叩き落とす消費税増税や、政府支出削減に貢献した官僚が出世の階段を昇り、最終的なゴールの事務次官に到達する。

「いくら緊縮財政の文化があるとはいえ、デフレーションが続き、国民貧困化が進んでい

る中においても、未だに緊縮貢献＝出世になっているのか。出世のルールが変わることはないのか」

といった疑問を持つ方が少なくないだろうが、路線変更はあり得ない。理由は、人間は「経路依存性」に囚われてしまうためだ。

経路依存性とは、

「人間が任意の状況で直面する決定が、過去の前提が成立していないにもかかわらず、自らが過去に下した決定や経験に制限される」

という現象だ。

生産性が低く、供給能力が不足し、インフレーションが問題だった時期に、緊縮財政が推進されるのは理解できる。あるいは、大東亜戦争期に国債発行や日本銀行の国債買取が拡大したのは事実である。

しかし、現在の日本はデフレであり、かつ戦争を遂行しているわけでもない。それにもかかわらず、

「これまでは、緊縮財政の推進が出世の条件だったから」という理由から、財務省内の出世のルールは変わらない。結果的に、国民が貧困化し、自殺する。少子化が進み、本来は誕生するはずだった国民が生まれない。

財務官僚は、自らの出世のために、とにかく利用できるものは何でも活用し、緊縮財政

を推進してくる。1995年には武村正義大蔵大臣（当時）が、11月国会において、「財政危機」を宣言。武村は1996年に『中央公論』に「このままでは国が滅ぶ―私の財政再建論―」なる刺激的なタイトルの文章を寄稿。現在にまで続く、財務省の「財政破綻プロパガンダ」が始まった。

もっとも、戦後の財政破綻論の始祖は武村ではなく、大平正芳である。1975年、通常予算において初となる赤字国債が発行され、当時の大平正芳大蔵大臣は、

「万死に値する！　一生かけて償う」

と嘆いた。

1982年には鈴木善幸首相が「財政非常事態」を、さらに1995年には、先述の通り、村山内閣の武村正義蔵相が「財政危機」を宣言するなど、過去に政治家までもが繰り返し財政破綻を叫んできたわけだが、現実の日本は10年物国債でマイナス金利という、異常事態である。つまりは、金融市場が「国債の不足」に苦しんでいる。

図④（34ページ）の通り、2018年度の政府の長期債務残高は1107・4兆円。村山内閣時の2・7倍、鈴木内閣時の5・4倍、そして「万死に値する」三木内閣時の「34・5倍」、さらには1970年の「152・6倍」に達しているのである。それにもかかわらず、国債金利は10年物でマイナス金利。つまりは、国債の人気が高く、国債価格が高騰したままだ。

「何か、おかしい」と、思わない方がおかしい。

ところが、容赦なく緊縮財政は続き、日本のデフレ元年とでもいうべき1997年に、財政構造改革法が成立。大蔵省は政府に法律で緊縮財政を義務付けたのである。日本経済のデフレ化を受け、財政構造改革法は1998年に停止となったが、その精神は後に「PB黒字化目標」として復活し、日本に緊縮財政を強いることになった。

歳出削減ありきのEUの財政目標を丸パクリした

ところで、図⑤のⅡ派の主流派経済学の教義は、日本以外でも猛威を振るっている。特に、現代において最も完成されたグローバリズムの国際協定であるEU（欧州連合）は、加盟国に緊縮財政を強要している。

EUはマーストリヒト条約で、財政赤字対GDP比を「3%以内」に抑制することを求めている。財政赤字を3%以内に収めるため、欧州加盟国の政府は、毎年、各省庁に「歳出削減の費目」を提出させられるのだ。削減ありきで「いくら削れる？」を追求しているわけで、日本の財務省とやり方が酷似している。

EUの財政目標「財政赤字対GDP比を3%以内とする」を、財務省は丸パクリした。3%という数字は、日本の財政構造改革法に定められたものとまったく同じなのである。

ちなみに、ＥＵ加盟国に財政赤字対ＧＤＰ比３％以内という目標を強いるマーストリヒト条約が発効したのは、１９９３年のことだ。

日本の「緊縮財政法」である財政構造改革法の成立は、１９９７年。要するに、財務省は政府に歳出削減を強要する財政構造改革法策定時に、マーストリヒト条約に「倣い」、財政赤字対ＧＤＰ比３％以内という目標を財政構造改革法に書き込んだのである。

財政赤字対ＧＤＰ比を「３％」以内にしなければならない理由は何か。なぜ「３％」であり、１％や５％ではないのかは、不明なままである。もっとも、財政赤字の適切な規模は、経済環境により変化するため、事前に決定できるはずもないわけだが。

財務省は緊縮財政を継続させるため、とにかく「あらゆる手段」を使ってくる。財政構造改革法は「法律」、ＰＢ黒字化目標は「閣議決定」と、政治の世界で財政的な縛りを入れてくると同時に、各種のプロパガンダを展開。国民の世論が緊縮財政正当化に向かうように仕向けてくる。

たとえば、「国の借金」「国民一人当たりの借金」といった造語で、国民の恐怖をあおる。いわゆる「恐怖プロパガンダ（恐怖に訴える論証）」だ。

あるいは、デフレで貧困化している国民の心理に付け込み、

「国民は貧乏であるにもかかわらず、政府は無駄金を使っている！」

「公務員は優遇されすぎだ！　公務員を減らせ。公務員給与を削れ」

と、妬み、嫉みを利用し、緊縮を実現するルサンチマン・プロパガンダ。

さらには、

「国の借金は将来世代へのツケの先送り」

と、国民の良心に訴えようとする正義マン・プロパガンダ。政府の長期債務残高が、1970年から2018年までに150倍に、1872年から3740万倍に増えている国で、何をいっているのか、という話だ。そもそも、国債発行残高＝貨幣発行残高であるため、経済成長する国の政府債務が増えるのは当たり前なのである。

他にも、先述の「権威プロパガンダ（権威に訴える論証）」「ストローマン（藁人形）プロパガンダ」などなど、ありとあらゆる手法のプロパガンダを展開し、MMTや反緊縮派を潰し、国民を苦しめる緊縮財政を続けようとしてくるのが財務省だ。

2019年秋、消費税率が10％に引き上げられた直後、安倍政権は「全世代型社会保障検討会議」を立ち上げ、社会保障支出削減と負担増の検討を開始した。財務省はIMF（国際通貨基金）を活用し、さらなる消費税増税のプロパガンダを展開。

IMFは「日本経済に関する年次審査報告書」を公開したのだが、新型コロナウイルスによる肺炎感染の拡大が「新たな景気へのリスク」と警戒感を示すと同時に、高齢化による社会保障費増大で、日本の財政悪化が深刻になるとの懸念を表明。消費税率を2030年までに段階的に15％へ引き上げるよう提言したのである。

ＩＭＦには副専務理事をはじめ、数十人の財務官僚が出向している。彼らが、ＩＭＦの名を使い、日本に消費税増税を求める、権威プロパガンダの典型だ。

財務省の緊縮財政路線をピボット（転換）できない限り、日本国の亡国は確定したも同然である。ＭＭＴが説明した「貨幣の真実」を国民や政治家が共有し、財政破綻論や緊縮財政至上主義からの脱却を、政治的に実現しなければ日本の将来はお先真っ暗だ。

日本国憲法では、

『第八十三条　国の財政を処理する権限は、国会の議決に基いて、これを行使しなければならない。』

と、国民の主権に基づき選ばれた国会議員が行使することが定められている。我が国は、財政民主主義国家のはずなのだが、現実には財務省が「財政主権」を握っている。

事実上、財務官僚が独占している財政主権を、日本国民は取り戻さなければならないのである。

第三章

「今だけ、金だけ、自分だけ」の経団連

経団連が消費税増税を歓迎する本当の理由

日本経済をデフレに押し込める最大最強の仕組みが「消費税」である。消費税は「安定財源」といわれ、それはその通りだ。というよりも、消費税は安定財源だからこそ、問題なのである。

図⑲の通り、消費税収は「消費増税」で増えるものの、逆に経済状況が悪化してもほとんど減らない。そういう意味で、確かに「安定財源」ではあるのだが、逆にいえば、不況期に弱者（失業者など）が増えたとしても、容赦なく徴収する、残酷な税金なのだ。

リーマンショック期（2008年、2009年）を見ると、法人税と所得税は一気に減っている。それで、良いのだ。リーマンショックのような経済危機が発生した以上、徴税は減らし、国民の負担を軽くしなければならない。

ところが、消費税はほぼ横ばい。消費税は不況期に弱者からも徴収される、もっとも厳しい税金の一つだ（消費税を上回る残酷な税金は人頭税のみであろう）。さらには、消費税は消費性向（＝消費÷所得）が高い低所得者層を直撃し、逆に消費性向が低い高所得者層にはさほど影響がない税制になる。消費税ほどに露骨な「格差拡大型」の税金は、そうはないであろう（人頭税には負けるが）。

それにもかかわらず、我が国では1979年に大平正芳内閣が、一般消費税の1980

図⑲　消費税・法人税・所得税の推移（兆円）

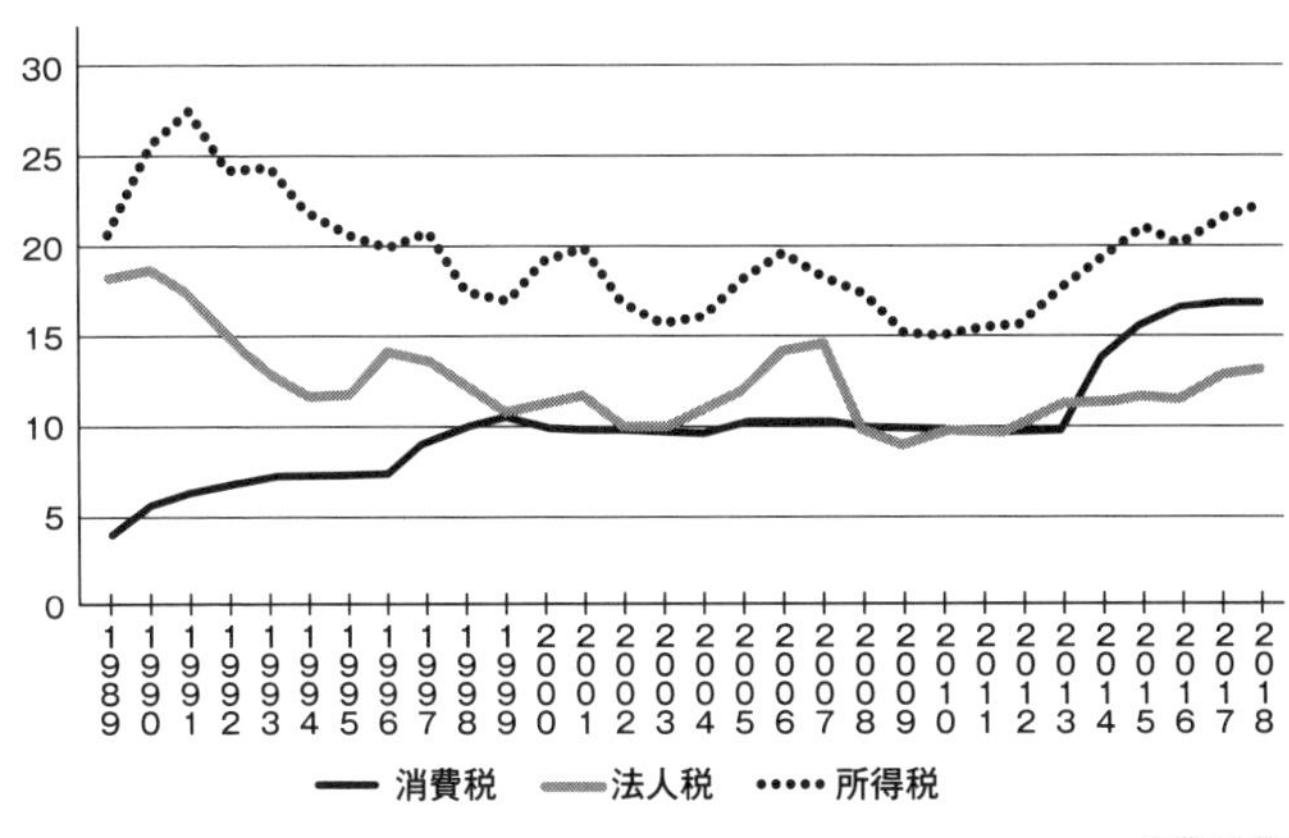

出典:国税庁

年度からの導入準備を閣議決定して以降、政治家はひたすら消費税の導入や増税を目指した。なぜなのだろうか。

ちなみに、財務省が使うレトリック、

「消費税は社会保障の財源」

は、真っ赤なウソである。

一般税収に「色」は付けられない。消費税を本気で「社会保障の財源のみ」に使いたいならば、保険料方式にするべきだ。

というよりも、財務省的には、むしろ保険料方式の場合は歳入用途が社会保障に限られてしまうため、消費税を好むのである。消費税収により、国債発行を抑制し、ＰＢを改善する。それだけの話だ（保険料方式ではＰＢ黒字化とは関係なくなる）。

実際２０１４年に５％から８％に消費税が引き上げられた際、増えた税収のうち８割以上が本来は返済不要な「国の借金」の返済に充てられ、逆に公約としていた社会保障費はカットされた。

ところで、日本では消費税が増税されるたびに、法人税が減税されてきた。ということは、お金のプール論から見ると、

「法人税減税分の財源を、消費税増税でカバーしている」

といえなくもない。経団連をはじめとした経済界が消費税増税を歓迎するのも、自分たちが払う法人税が減税されるからだ。規模の大きい企業ほどその恩恵ははかりしれない。だが、現実には消費税という税制度には、より恐ろしい「真相」が隠されているのである。

元々、図⑤のⅡ派の経済学者や財界人、政治家などのグローバリストは、所得税や法人税を毛嫌いする。Ⅱ派の理想の税制は、

「所得税ゼロ、法人税ゼロ、政府の財源は人頭税のみ」なのである。

企業や個人の所得から税金を徴収せず、財源は「国民均等割り」の人頭税で賄うことこそが、主流派経済学においてはもっとも「効用が高まる」とされている。

結果的に、１９８０年代以降、富裕層への累進課税が緩和され、法人税は引き下げられてきた。富裕層や黒字企業を優遇すれば、彼らが国内に投資を増やすことで、

「富が国内に滴り落ちる（いわゆる『トリクルダウン理論』）」

という、例によってでたらめな理論が叫ばれた。もっとも、さすがに税金を一切取らないのでは、防衛や防犯、防災、基本インフラの整備等が不可能になってしまうため、税金はもっとも「公平」な人頭税で賄うべき、という話なのである。

しかし、年収200万円の人も、2億円の人も同じ税額（税率ではない）になる人頭税は、民主主義国家では実現が不可能に近い。実際に人頭税を導入しようとしたイギリスのサッチャー政権は、瞬く間に支持率が急落し、政権が崩壊してしまった。

「直間比率の是正が必要」と世論に広めた

そこで、日本において人頭税の代替として注目されたのが「間接税」、すなわち消費税である。消費税導入時の議論に、

「直間比率の是正」

というものがあった。

そもそも、直間比率とは何なのか。直接税（所得税、法人税）と間接税（消費税等）の配分のことだ。日本国内には、いつの日からか、

「日本は直接税の割合が高すぎる。間接税、つまりは消費税の割合を高めるべきだ」

という主張が蔓延り、消費税を後押しすることになる。ちなみに、アメリカは直間比率

が「9対1」であるため、グローバリストたちはいつもの調子で「外国を見倣え」とはいわない。「外国を見倣え」の時に持ち出すのは、直間比率が5対5のフランスの例になる（日本は6対4）。

結局、直間比率の是正とは、消費税増税を推進する財務省が流行らせたレトリックの一つに過ぎない。同時に、新古典派経済学など主流派経済学が理想とする税制、「所得税ゼロ、法人税ゼロ、税金は消費税のみ」の方向に誘導することができるため、日本では増税派に加えて、経団連に代表される財界までもが、こぞって「直間比率の是正が必要」といい広め、国民の「常識」になってしまったのである。

間接税、特に消費税の割合が高まれば、財務省は「安定財源」が増えることになる。同時に、経済界は「法人税減税」という果実を得られるという話だ。結果、国民経済の成長や社会の安定が犠牲にされるが、それを覆い隠すために「直間比率は是正されなければならない」と、結論が決まったレトリックが蔓延った。挙句の果てに、直間比率の是正を正当化するために、

「暴力団員から税金を取ることは難しいが、消費税なら暴力団員がベンツを買うときに税金を徴収できる」

と、改めて考えると意味不明なレトリックが使われることに至った。暴力団員のベンツ

購入費など、「国民経済」から見れば間違いなく誤差レベル以下の金額だ。誤差レベル以下の金額を是正するために、十数兆円規模の消費税と法人税・所得税の組み合わせの変更を正当化するのは、さすがに無理がありすぎる。

この手の、

「一見、正しいように思えるが、よくよく考えたら意味が分からない。というか、よくよく考えたことがない」タイプの用語は要注意だ。

裏に「別の目的」が隠れているケースが、多々ある。

ところで、先の、

「法人税を減税するために、消費税を増税する」

というレトリックは正しいのだろうか。財務省的には、正解なのだろう。消費税が導入された1989年以降、法人税の減収と、消費税による税収は、総額がほぼ一致している。さらに、日本政府は消費税を増税した1997年度、2014年度に、法人税の実効税率の引き下げを強行している。

そもそも日本政府の財源は「税収のみ」というわけではないため、法人税を減少したからといって、消費税率を引き上げる必要性はない。とはいえ、お金のプール論の財務省に、

「経済界がいうように、法人税を引き下げるならば、消費税を増税する」

という発想があったのは確かだろう。

「法人税を引き下げないと雇用が失われる」というウソ

それでは、そもそもなぜ法人税を減税しなければならないのだろうか。

図⑳の通り、日本で法人税の実効税率が引き下げられたのは、1997年前後と、2014年前後である。確かに、消費税増税とほぼ時期を同じくして、法人税が減税されている。というわけで、

「まずは法人税減税という政策があり、減少する法人税収を補うために、消費税が増税されているのでは？」

という疑問が浮かんでくるだろうし、確かにその面もある。とはいえ、現実はそれ以上に深刻なのだ。

そもそも、なぜ日本をはじめ、世界各国は法人税を減税してきたのか。あるいは、法人税減税が「正しい」と認識されているのだろうか。グローバリストは、筆者のような反対派に、

「法人税を引き下げないと、企業が外国に逃げるため、雇用が失われる」

というレトリックを用い、法人税減税を正当化しようとする。ほとんど脅しも同然だが、よくよく考えてみると、企業が外国に「逃げる」とは、具体的に何を意味しているのだろうか。

図⑳ 日本の対外直接投資、設備投資(左軸)と法人税実効税率(右軸)

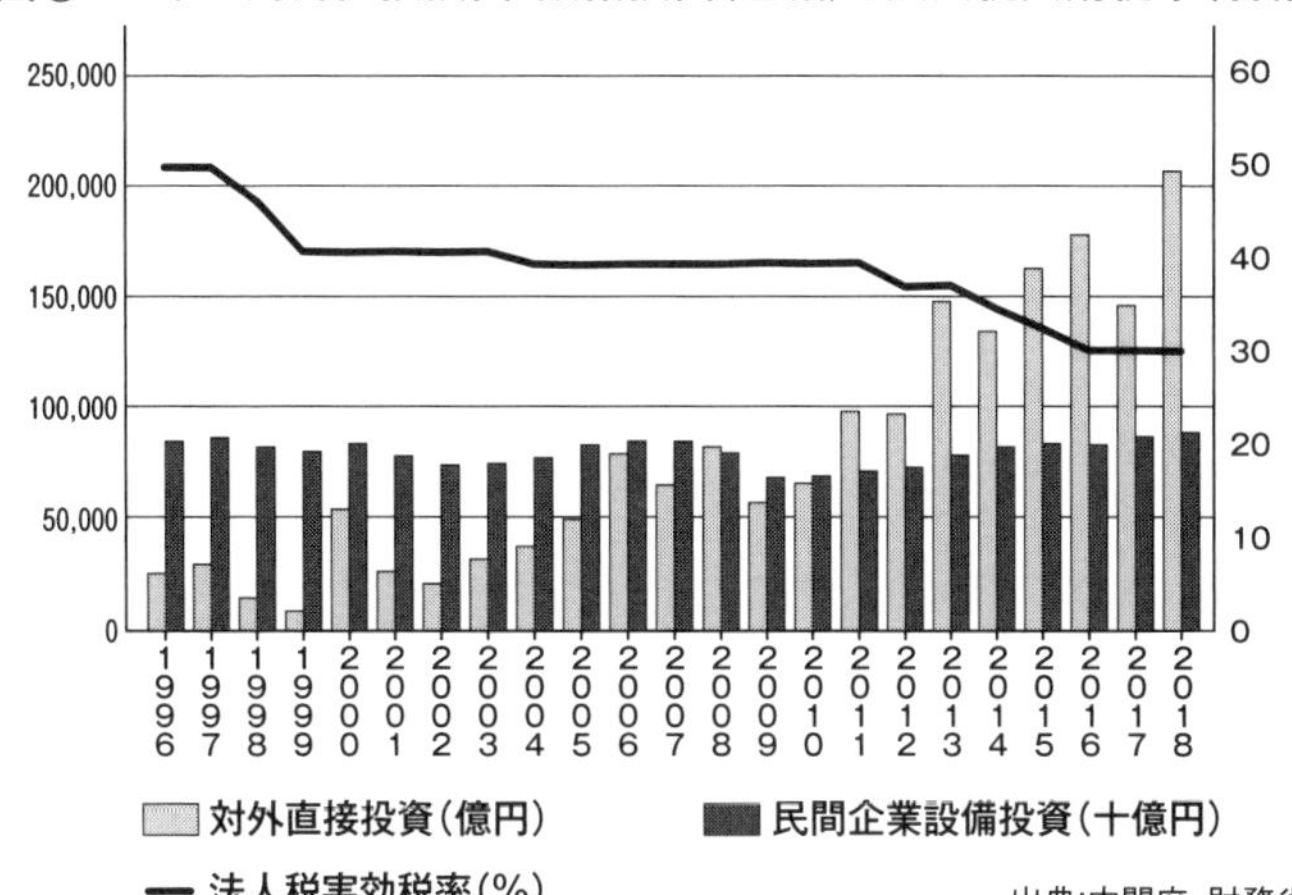

「雇用が失われる」といっている以上、工場などの生産拠点が外国に移転されるという意味なのだろう。つまりは資本の移動だ。

法人税減税派の主張が正しいならば、法人税を引き下げれば、

「国内の設備投資が増え、対外直接投資が減る」

という結果になるはずだ。逆に、法人税を引き上げれば、

「国内の設備投資が減り、対外直接投資が増える」

でなければならない。

それを踏まえたうえで、もう一度、我が国の「実績」である図⑳を見てみよう。図⑳は、対外直接投資が「億円」で、民間企業設備投資が「十億円」と、単位が違うので注意して欲しい。

恐ろしいことに、1997年（※日本のデフレ元年）以降、我が国では法人税が繰り返し引き下げられたにもかかわらず、国内の設備投資は増えていない。代わりに、対外直接投資が、特に第二次安倍政権発足以降に激増している。法人税を引き下げたにもかかわらず、企業の投資は国内ではなく海外に向かっているのだ。

もっとも、国内投資が増えない理由は別に難しくなく、単純に日本経済のデフレが続いているためだ。デフレが継続すると、「市場が増えない。需要が拡大しない」わけで、企業は国内における投資を抑制する。

供給能力が国内の需要では消化しきれない（つまりは「デフレギャップである」）ため、外国への輸出が増え、外国で稼いだ外貨は、そのまま現地に投資される。すなわち、対外直接投資の増加だ。

法人税の税率など、全く関係ない。

そもそも、企業がどこに生産拠点を作り、雇用を創出するのかといえば、単純に「儲かる地域」である。販売の拡大が見込めない国や地域に、工場を建設する経営者はいない。すなわち、日本経済のデフレが続く限り、法人税率とは無関係に国内の設備投資は低迷することになる。同時に、対外直接投資も増加せざるを得ない。結果、日本人ではなく、外国人の雇用ばかりが創出されていく結果になるわけだ。

そして、実に皮肉な話なのだが、企業に日本の生産拠点を外国に移すことを奨励するデフレーション深刻化の一因が、何と法人税減税なのである。実は、「法人税減税によりデフレが深刻化し、企業が生産拠点を外国に移す」という現象が発生しているのが我が国なのだ。

法人税増税が従業員の給料を引き上げ、国内投資を膨らます

なぜ、法人税減税がデフレを深刻化させるのか。法人税の政策的な意味を考えてみればすぐにわかる。消費税が「消費に対する罰金」であるように、法人税は「企業の過大な利益に対する罰金」なのだ。

法人税が増税される、つまりは利益への罰金が強化されると、どうなるだろうか。「企業が売上を減らそうとする」は、あり得ない。いかなる事情があろうとも、売上を故意に減らそうとする企業経営者は、極少数派である(ゼロとはいわないが、ゼロに近い)。

そのため、「利益への罰金」が増えると、経営者は「費用を増やす」ことで、罰金を回避しようとするのだ。

●損益計算書

売上

▲売上原価
　売上総利益
▲販売費及び一般管理費
　　営業利益
　▲営業外損益
　　　経常利益
　　▲特別損益
　　　　税引前当期純利益
　　　▲法人税等
　　　　　当期純利益

損益計算書が右記の通りである以上、税引前当期純利益を小さくし、「利益に対する罰金＝法人税」から逃れるためには、

1、売上を小さくする
2、諸費用を大きくする

以外に方法はない（売上原価を増やす、といった奇妙なことをする経営者は皆無だろう）。販売費及び一般管理費の中には、人件費などが含まれている。

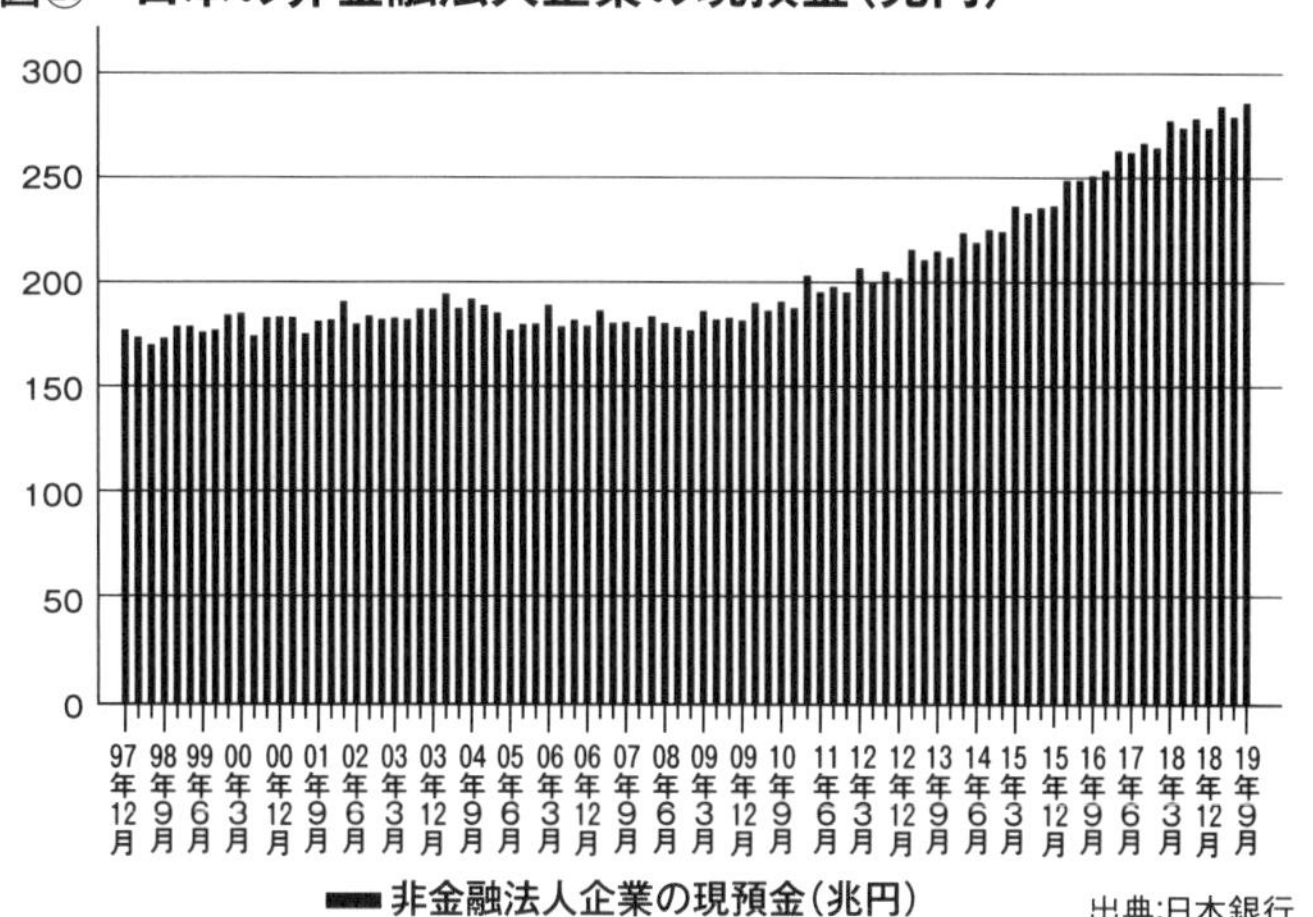

つまりは、法人税「増税」こそが、企業に従業員への給与や国内投資を膨らますインセンティブを与えるのだ。従業員の給与が上昇し、国内の投資などの諸費用が増えれば、もちろん総需要不足というデフレーションは解消に向かう。

日本は法人税率を引き下げてきたものの、国内投資は増えていない。そして、人件費はむしろ減り続けた。

財務省の法人企業統計（資本金10億円以上の約5000社（金融保険を除く全産業）によると、従業員一人当たりの給付は、2001年と比較し、100万円近くも小さくなってしまった。この期間、法人税の実効税率が49・98％から、33％にまで下がった。同時に、設備投資は10％近く減少してしまった。

図㉑は、日本の非金融法人企業の現預金の

推移である。特に、２０１２年末の第二次安倍政権発足以降、日本の一般企業（非金融法人企業）は現預金を著しく貯めこんだ。

２０１２年末から２０１９年9月までの一般企業の現預金の増加額は、実に81・4兆円。企業の設備投資の場合、支払いは「発注企業の銀行口座→受注企業の銀行口座」となるため、一般企業の現預金総額は増減しない。

つまりは、一般企業の現預金81・4兆円の増加は、「企業から従業員への所得の分配が減った」ことを意味しているのである。

日本の労働者数は約６５００万人であるため、一般企業の現預金総額が２０１２年末の水準で維持された場合、労働者は過去7年間で、一人当たり約１２５万円「預金が増えていた」計算になる。（※支出を拡大しないならば）逆に、企業がお金を貯め込み、我々の家計から余裕が失われれば、当然ながら消費は増えない。法人税減税は、間違いなく「デフレ化政策」なのである。そして、デフレ深刻化は企業の国内投資を抑制し、対外直接投資を増やす。

お分かりだろう。日本は、

「法人税を引き下げないと、企業が外国に逃げる」ではなく、

「法人税を引き下げたため、企業が外国に逃げた」のである。

もはや、笑うしかない。

消費税増税は、消費に対する罰金を増やすデフレ化政策。法人税「減税」は、企業に諸費用の削減を促すデフレ化政策。要するに、消費税増税＋法人税減税は、二重の意味で国民経済をデフレ化させる最凶の組み合わせなのだ。

さらに、消費税の問題について指摘しておこう。消費税とは、実際には「消費への税」ではなく、付加価値税である。消費税の金額は、課税対象の「売上」に消費税率を掛け、その金額から課税対象の「仕入れ（売上原価）」の税額分を控除して決定される。

式にすると、

◆課税売上×消費税率－課税仕入×消費税率＝納税額

となる。つまりは、

◆（課税売上－課税仕入）×消費税率＝納税額

だ。売上や仕入れが全て課税対象と仮定すると、

◆（売上－仕入）×消費税率＝付加価値（※粗利益）×消費税率＝納税額

になるわけだ。

最後の式から、課税対象の「仕入れ」が多い場合、消費税が減ることが分かる。つまり、消費税増税は企業に「課税仕入を膨らませたい」というインセンティブを与えてしまうのだ。

現在の税制では、正規社員の給与は「課税仕入」には入らない。ところが、派遣社員の

派遣料や、フリーランス（個人事業主）に支払う業務委託料（外注費）は「課税仕入」に含めることが可能な仕組みになっている。結果的に、企業は正規社員を派遣社員、フリーランス化しようとしてしまう。

財務省は、

「正規雇用を派遣社員にしても、人材派遣会社に対しては、派遣料に消費税が上乗せされるため、直接雇用と比べて損得は生じない」

と、説明しているが、事実は異なる。

消費税には、

「資本金1000万円未満の企業は、起業から2年間、消費税が免除される」

という特例措置がある。そのため、企業が派遣会社を設立し、正規雇用の従業員を新設した派遣会社に移籍させる。派遣会社側は、2年間は消費税を支払わなくて構わないため、派遣料に消費税は上乗せされない。企業は「社員の非正規化」により消費税を節約するという手法が大流行した（現在は、脱税になる）。

また、一般の派遣会社からの派遣受け入れにしても、「派遣料＋消費税＝既存の給与金額」の場合、企業は得をすることになる。要は、消費税分を派遣会社に呑ませるのだ。

従業員給与が「派遣料＋消費税」になるならば、企業の支払い消費税は減る。しかも、これまでは負担していた従業員の社会保険料負担も不要になる。

非正規雇用者の増大を熱望し、デフレを深刻化させた

無論、正規雇用から派遣に切り替えられてしまった労働者が損をするわけだが、派遣社員化以上に問題になるのはフリーランスとの業務委託契約だ。

社員をフリーランスとし、業務委託契約を締結すると、それまでの人件費を「課税仕入」にすることができるため、消費税が減る。

フリーランス、個人事業主となった「元・社員」の方は、保険は全て自己負担。もっとも、年商1000万円未満ならば、消費税は支払う必要がない。

そこで、年収500万円だった社員をフリーランスに変え、業務委託契約を締結。企業は外注費として、これまで通り500万円を支払う。

課税売上が2000万円、課税仕入1000万円、消費税率10％とすると、

【正規社員の場合】
売上　2000万円
仕入（売上原価）　1000万円
付加価値　1000万円
消費税　100万円

給与　５００万円

となる。ところがフリーランスとの業務委託契約に切り替えると次のように変わる。

【フリーランスとの業務委託契約の場合】
売上　２０００万円
仕入（売上原価）　１５００万円（１０００万円＋フリーランスへの外注費５００万円）
付加価値　５００万円
消費税　50万円
給与　０円

と、消費税を50万円も節約することが可能になってしまうのである。しかも、社会保険料負担分が減る。結果、利益は確実に増える。

消費税が導入され、増税が繰り返された結果、企業の「正規雇用を派遣やフリーランスに切り替えたい」という欲求が高まった。当然ながら非正規雇用が増え、雇用が不安定化した。正規職を失った「元・社員」たちは将来不安に駆られ、消費を減らす。

またもや、デフレ深刻化である。消費税は、その仕組み上、生産者の「雇用の安定」を

図㉒　資本金10億円以上の法人企業の配当金（兆円）の推移

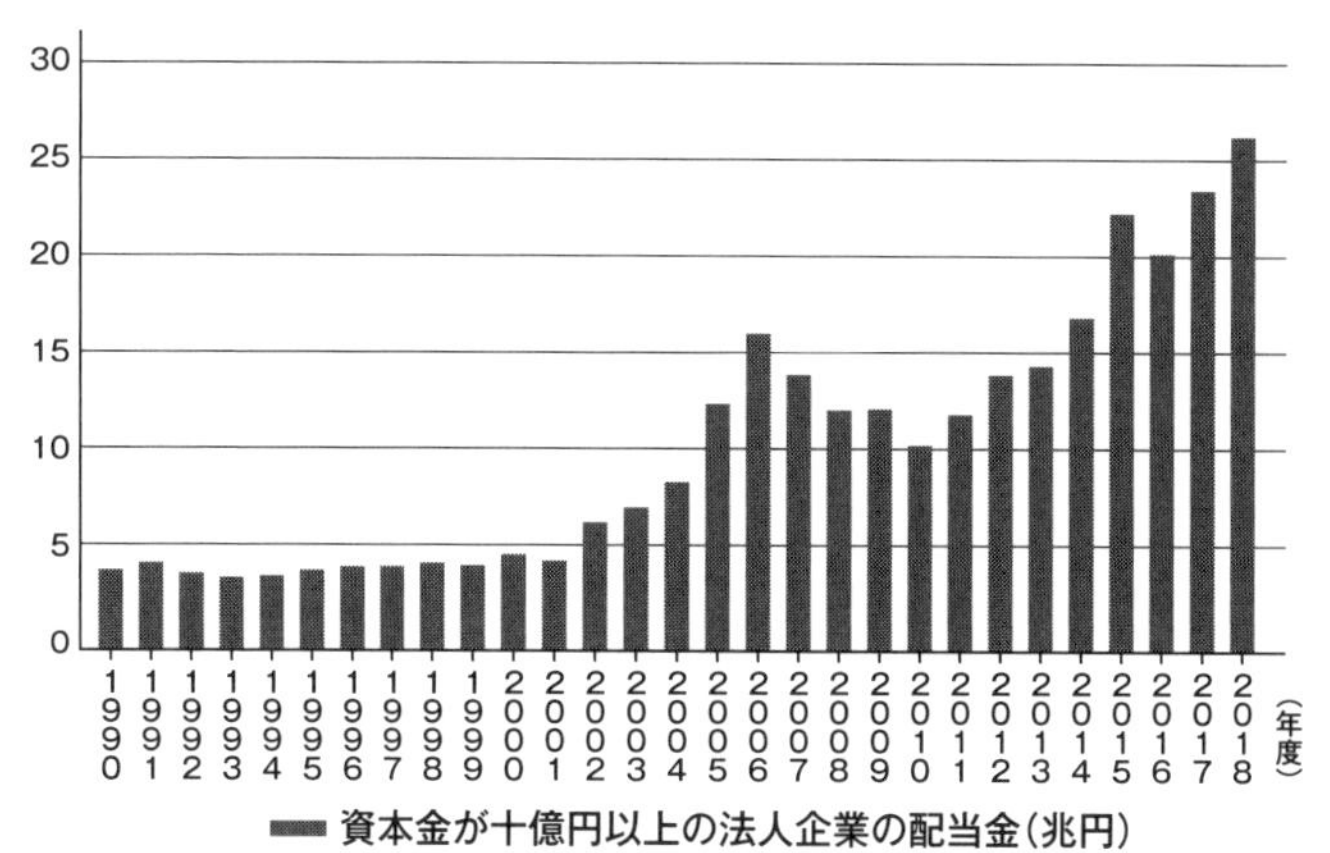

出典:財務省「法人企業統計」

喪失させ、デフレを悪化させる効果まで持つのだ。消費税のデフレ化効果は、何重にも存在していることになる。

それにしても、なぜ我が国では「デフレ化税制」とでもいえる消費税増税や法人税「減税」が繰り返されるのだろうか。実は、究極的な目的は一つしかなく、純利益の最大化である。消費税増税や法人税減税で、諸費用を削り、さらには税引前利益からの徴税も減らす。

結果的に、企業の純利益が最大化される。政策的に純利益最大化を追求する目的は、もちろん一つだけだ。株主への配当金や自社株買いを増やすことである。従業員や国民ではなく、株主の利益最大化こそが目的なのだ。

実際、過去の日本政府による「企業の純利益最大化政策」により、企業から株主に支払われる配当金は激増した。

図㉒の通り、日本の大企業の配当金は、20世紀には5兆円前後だったのが、2018年には26兆円にまで膨れ上がった。まさに、法人税減税の政策効果が出ているのだ。

現在の日本は上場企業の株式から支払われる配当金に対する税率が、金額にかかわらず20％でしかない。所得税の最高税率が、住民税を合わせて55％であるのに対し、配当金は分離課税を選択すると、復興特別税を含めてもわずか20・315％でしかない。「個人情報保護」の名のもと2005年を最後に廃止されてしまった、国税庁が発表していた「長者番付」に登場する一流企業の多数の経営者などは10億円を軽く超える報酬が推計されていたが、そのほとんどが自ら経営する会社から支払われる給与ではなく、保有する株式の配当だった。

普通に考えて、上場企業の株式に多額のお金をつぎ込めるのは、富裕層であろう。配当金という「不労所得」の方が、我々が身を粉にして働いて稼ぐ所得に対する税率よりも、はるかに安いのだ。これを「異常」と思わない方が異常であろう。

もっとも、配当金や自社株買いを増やしても、それでも純利益が余るため、将来不安が強まるデフレ期ということで、企業は現預金をひたすら積み上げた。結果的に、本来は労働者に所得として分配されるべき利益が、数十兆円という規模で企業の銀行口座で凍り付いている。

要するに、消費税増税も法人税減税も、さらには所得税の分離課税制度も、全てが株主の利益最大化のための政策なのだ。もっとも、

「株主の利益を膨らませるために、法人税を減税し、消費税を増税します」

とはいえない。だからこそ、

「国の借金で破綻する。財政破綻を回避するために消費税増税」

「法人税を減税しなければ、企業が外国に逃げる」

と、嘘八百のレトリックがまき散らされているわけである。

現在の日本の経済政策は、国民ではなく株主のために存在する。これが、現実だ。

大企業は人件費と投資を減らして株主配当を増やし続けた

財務省の法人企業統計から、資本金10億円以上（金融保険業を除く）の売上高、経常利益、投資（減価償却費）、従業員給与、配当金をグラフ化したのが、図㉓である。

驚くべきことに、２０１８年度の売上高は、１９９７年度を1とすると1・07。つまりは、ほとんど増えていない。さらに、減価償却費と従業員給与は、およそ2割減。実のところ、大企業の従業員にしても、給与を抑制され、冷遇されていることに変わりはないのだ。大企業は１９９７年度以降、売上が低迷する中、投資と人件費をひたすら削減した。

図㉓　資本金10億円以上の企業の売上高等(1997年=1)

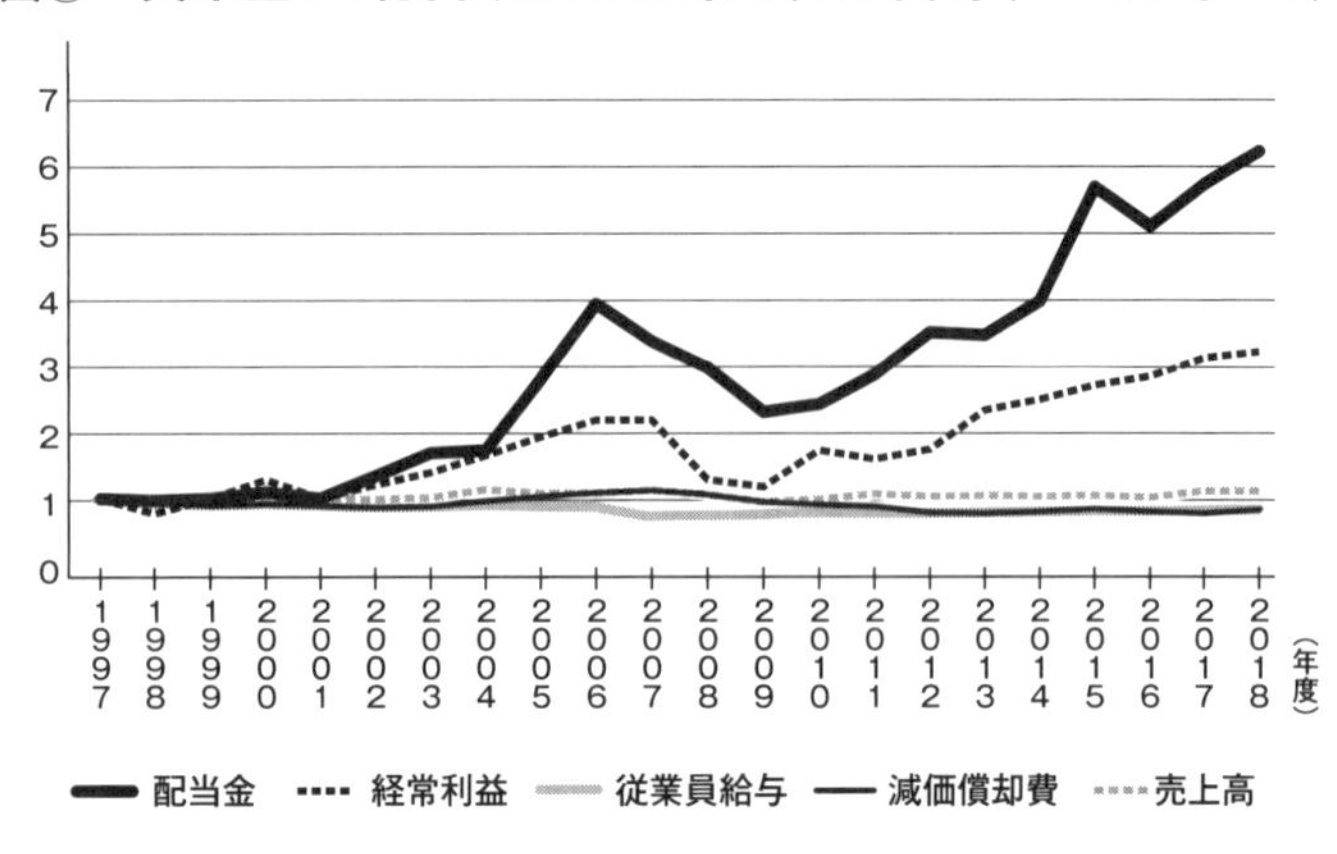

出典:財務省

その犠牲になったのは、何も中小企業で働く人々には限らないというわけである。

ところが、大企業の経常利益は２０１８年度までに１９９７年度の３・19倍、配当金は何と６・２倍に膨張した。

つまりは、デフレ元年の１９９７年度以降、日本の大企業は、

「売上が伸び悩むが、投資と人件費を減らし、経常利益をかさ上げし、株主への配当金を増やし続けた」

ことになる。

まさに、蛸が自分の足を食べているようなものだ。投資や人材といった固定費をひたすら減らし、強引に利益を膨らませ、株主への配当金を支払う。というよりも、株主への配当金を支払うために、固定費を削る。正規社員は非正規雇用や派遣社員に切り替え、変動

費化してしまう。資本主義の要である「投資」についても、可能な限り絞り込む。

元々、日本企業は「長期経営」で評価されてきたのではないのか。企業の株式については「株式持ち合い」で、短期的な利益を追求しない安定株主によって保有されていた。日本式の株式持ち合いは、長期的な取引関係を可能とした。たとえば、株式を保有している先の企業の経営に、株主は余計な関与をしない。あるいは、非友好的な第三者に株式を売却しないという、経営者間の暗黙の取り決めがあったため、企業経営者は「敵対的買収」などに怯える必要はなかったのである。

ところが、1990年代初頭のバブル崩壊以降、株式を保有する企業の資金繰りの悪化や、相互の株式下落が業績に悪影響を与え始めたこともあり、株式持ち合いは解消に向かう。2002年には、銀行が持ち合いなどで保有している株式を一時的に買い取る「銀行等保有株式取得機構」が設置され、さらに株式持ち合いの解消が進んだ。上場企業の株式に占める持ち合いの割合は、1996年度末の15・3%から、2004年度末には9・4%へと縮小した。

また、2001年には銀行の株式保有を、BIS規制の「中核的自己資本」の範囲内に抑える銀行等株式保有制限法が制定され、もたもや持ち合い株の売却が加速した。

決算についても「四半期決算」が法律で義務付けられ、経営者は「3か月（四半期）」という極めて短いスパンでの経営を強いられる羽目になった。

元々、日本企業は通年もしくは半期（6か月ごと）の決算だったのだが、1999年にマザーズ市場が開設された際に、上場企業に四半期決算が義務付けられる。その後、2003年4月に、全ての上場企業に四半期決算の開示義務が定められ、2006年に証券取引法等改正法により法制化された。

さらに、企業のバランスシートの借方の流動資産のうち、株式や債券などの金融商品を「時価」で評価し、損益処理をする時価会計の導入も進む。1997年度から、銀行や証券会社などの金融機関が、有価証券取引の会計処理が可能になり、2000年度には金融機関以外にも時価会計を導入した。

バブル崩壊後の日本企業は、株価暴落を受け、バランスシートの借方側が「痛んで」いた。企業の資産の状況や、債務返済能力を正確に把握するため、日本も国際会計基準に合わせるべく、時価会計の導入が求められたのである。

株式持ち合い解消や、時価会計により企業のバランスシートの借方から「放出」された各社の株式は、誰が所有することになっただろうか。もちろん、外国人投資家だ。

企業経営者までもが自ら儲かる「株主資本主義」にシフト

図㉔が、日本の上場企業の株式について、保有者のシェアを見たものだ。バブル崩壊か

図㉔　日本の投資部門別株式保有割合

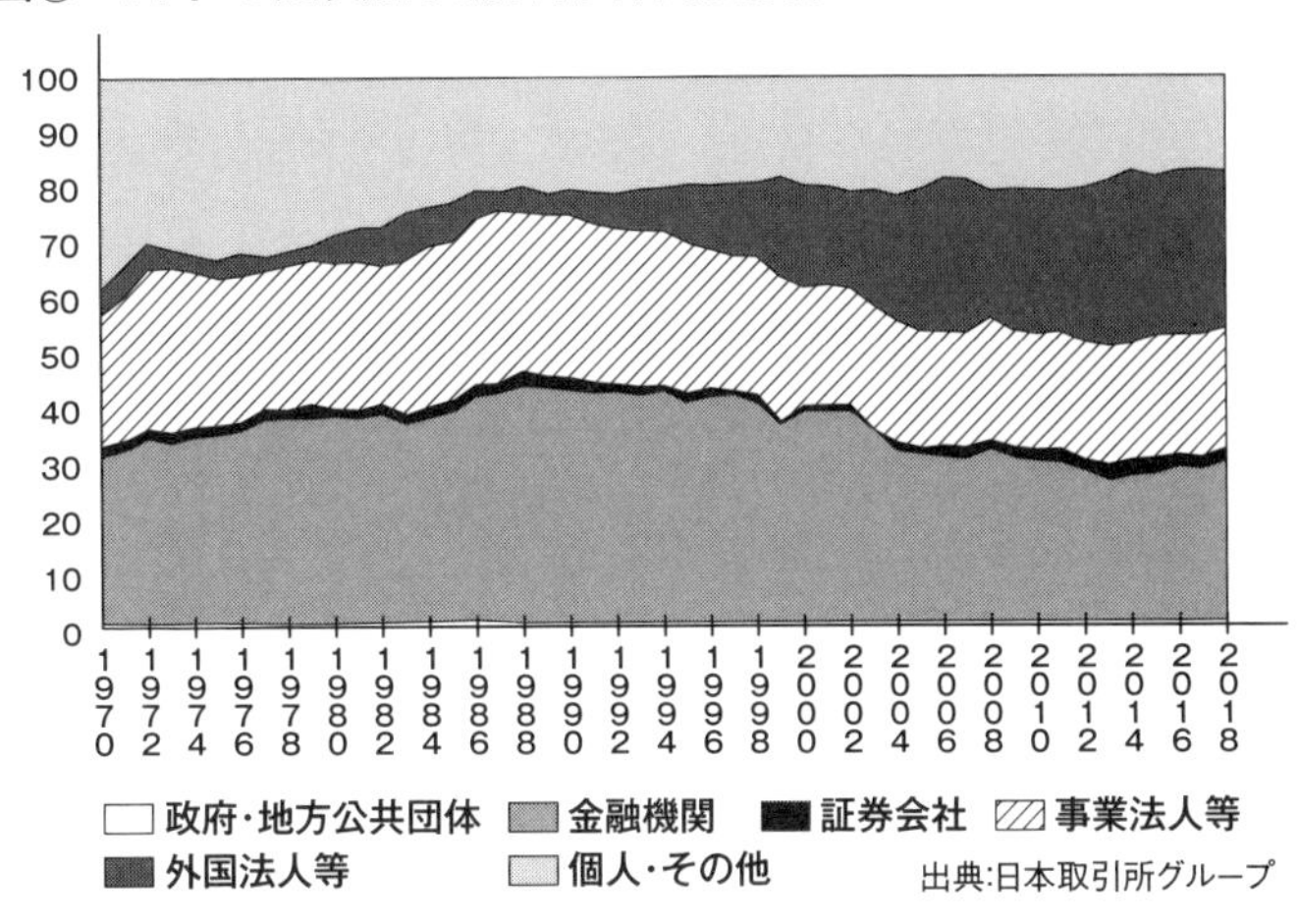

ら1990年代の各種「改革」を経て、日本の株式市場では「外国法人等」の保有割合が激増した。バブル期までは5％程度に過ぎなかった外国法人等のシェアが、現在は約3割にまで達している。

当たり前だが、外国人株主が求めるのは「自己利益最大化」のみである。日本国民の豊かさや安全保障など、彼らにとってみれば「どうでもいい話」であろう。

改めて考えてみると、我々日本国民が、たとえばアメリカ企業の株式を保有したとして、

「アメリカ国民が豊かに、安全に暮らせるような政策を打つべきだ」

などと考えるはずもない。求めるのは二つ。すなわち、配当金とキャピタルゲイン（株式値上がり益）のみである。

外国人株主や「日本人」のグローバル投資

家たちは、自らの利益最大化のために日本企業の経営者に圧力をかけるようになっていく。グローバル投資家の株式保有拡大は、既存の株主意識にも変化を及ぼした。2000年代には、厚生年金基金連合会（当時）などの大口株主が、企業の株主総会における議決権行使に積極的となり、それまでは「もの言わぬ株主」と呼ばれていた生命保険会社も、議決権行使の手続きを整備し始める。結果的に、企業経営者は「株主利益の最大化」を経営の主眼に置かざるを得なくなっていった。

1994年には商法が改正され、企業の自社株買いも可能となった。1997年には、またもや商法改正により、ストックオプション制度の導入が全面解禁となる。

自社株買いとは、企業が株式市場に流通している自社の株式を買い戻すシステムだ。株式市場の株式数が希少になるため、当然ながら株価は上がる。

また、ストックオプションは株式会社の経営者や従業員が、一定の価格で株式を購入し、その時点の時価で売却することが可能な仕組みになる。たとえば、1株100円で100株購入するストックオプションを保有する経営者が、株価上昇で1株300円となった時点で、ストックオプションを行使する。すると、

「1株300円×100株（3万円）－1株100円×100株（1万円）」

の差額2万円を、懐に入れることができるのだ。ストックオプションの解禁は、株主どころか企業経営者までをも「株価中心主義」に変えていった。

すべては、自らの配当金とキャピタルゲイン、ストックオプションのために。今だけ、カネだけ、自分だけ。法人税減税をはじめ、グローバル企業の大口株主や、経営者の不労所得を最大化するための「改革」がひたすら進められた。挙句の果てに、先述の通り、上場企業の株式からの配当金については、分離課税として、異様に低い税率のまま抑えられている。

個人的にもっとも許しがたいのは、上場企業の経営者が報酬を自社からの配当金で受け取るケースだ。給料ではなく配当金であるため、どれほど高額の報酬であっても、分離課税が適用され、税率は20％強。信じがたいほどの強欲さである。

ある名門企業のオーナー社長などは「赤字」を理由に、自らの報酬を0円にしていることを公言し、従業員のボーナスの引き下げを数年にわたって繰り返した。しかし、実際にはグループ企業の株式を保有していたことから、数億円単位の収入を配当金としてちゃっかりせしめていた。

現在の日本の資本主義には、まさしく「株主資本主義」という名が相応しい。

企業利益というよりは、配当金と自社株買いを増やすための「政策」は、未だに進められている。たとえば、経済産業省の官僚たちは完全に頭がおかしくなってしまったようで、デフレという需要不足で苦しむ国において「多様で柔軟な働き方」と銘打ち、国民の非正規化を促進している。経産省が推奨する「兼業・副業」、「雇用関係によらない働き方（フリーランス等)」。いずれも共通するのは、国民の雇用が不安定化し、将来設計を不可能とし、消費が縮小するのと引き換えに、「企業の人件費削減が可能になる」という点である。

そもそも、1980年代の中曾根政権の派遣社員解禁から始まった労働規制緩和の数々により、国民の多くは不安定な雇用しか得られずに苦しんでいる。その状況で「雇用関係によらない働き方」を推奨しているわけだ。

シェアリング・エコノミーにより貧困化に拍車がかかる

日本政府は内閣官房に「シェアリングエコノミー促進室」を設置し、新搾取ビジネスであるシェアリング・エコノミー(以下シェアエコ)を推進している。シェアエコとは、エコノミーの名こそついているものの、別に経済活動ではない。シェアエコ促進室も認めている通り、単なる経済活性化活動に過ぎない。

たとえば、宅配ピザに代表されるデリバリー・サービスだ。

デフレが継続し、デリバリー・サービスの店舗が配達要員を確保し続けることが困難になってきた。その日の顧客からの発注がゼロだったとしても、店舗は配達員を待機させないわけにはいかない。さらに、デフレ不況が続き、仕事にあぶれた国民が増えてきた。

そこで、店舗は配達員を用意せず、発注があったときのみ、個人が配達員として商品を運ぶスタイルのギグエコノミーが、日本でも始まったわけである。

すなわち、ウーバーイーツだ。

ウーバーイーツの配達員は、個人事業主であり、運搬手段や事故によるけがなどのリスクは全て「自己負担」だ。

ウーバー・テクノロジーズが提供するインターネット上のプラットフォームが店舗と配達員をマッチングし、手数料を徴収するシェアリング・エコノミーでもある。

デフレ継続により困窮する店舗や配達員の「弱み」に付け込み、自社のシステムを使わせる。店舗と配達員を繋ぐプラットフォームを提供することで、チャリン、チャリンと手数料を抜いていく。やがて、店舗も配達員もプラットフォーマーに依存しなければビジネスが成り立たない状況になり、搾取構造が永続化する。

ギグエコノミーとは、定義的には、

「インターネットを通じて単発の仕事を受注する働き方や、それによって成り立つ経済形態」

となっているが、分かりやすく書くと「日雇労働」である。しかも、日雇労働は文字通り「一日」の雇用は保障されているわけだが、ギグエコで働くギグワーカーになると「時間」あるいは「仕事」単位となる。

企業側が「必要」とするときのみ、単発で仕事を請け負う。ウーバーイーツの配達員に代表されるギグワーカーは、当然ながら労働者ではなく「個人事業主（フリーランス）」である。

ギグワーカーは、仕事がない場合には所得を稼ぐことができない。

逆に、企業側にとっては仕事がないならば「賃金を支払わなくても構わない」わけで、経営的に助かる。

ウーバーイーツに代表されるギグエコの問題の一つ（複数ある）は、経済をデフレ化させるという点である。理由はもちろん、ギグエコで働くギグワーカーは、安定的な需要家にはなり得ないためだ。

ギグワーカーの増大は日本経済を弱体化させる

アメリカの心理学者アブラハム・マズローは、

「人間は自己実現に向かって絶えず成長する生きものである」

との仮定に基づき、人間の欲求を5段階で理論化した。

マズローによると、図㉕にあるように人間には5段階の「欲求」があり、一つ下の欲求が満たされて初めて、上の欲求を満たそうとする。最も下の段階である生理的欲求とは食欲、睡眠欲、性欲等になるわけだが、日々の食料確保にすら苦労する状況では、人間は

「生き延びる」以外の欲求は感じない。

生理的欲求が満たされた人間は、次は一段上「安全欲求」を満たそうとする。安全欲求とは「安心・安全な暮らしへの欲求」である。一般の大人でいえば、雇用が安定し、所得が上昇していく「確信」があればあるほど、安全欲求が満たされていることになる。

無論、人生に何らかのリスクはつきものだが、少なくとも、「雇用が不安定で、日々の所得の確保を常に心配している」状況よりも、「雇用・身分が保障されており、将来的な所得拡大にも自信が持てる」状況の方が、安全欲求が満たされ、消費者として財やサービスへの支出が容易なのは間違いない。

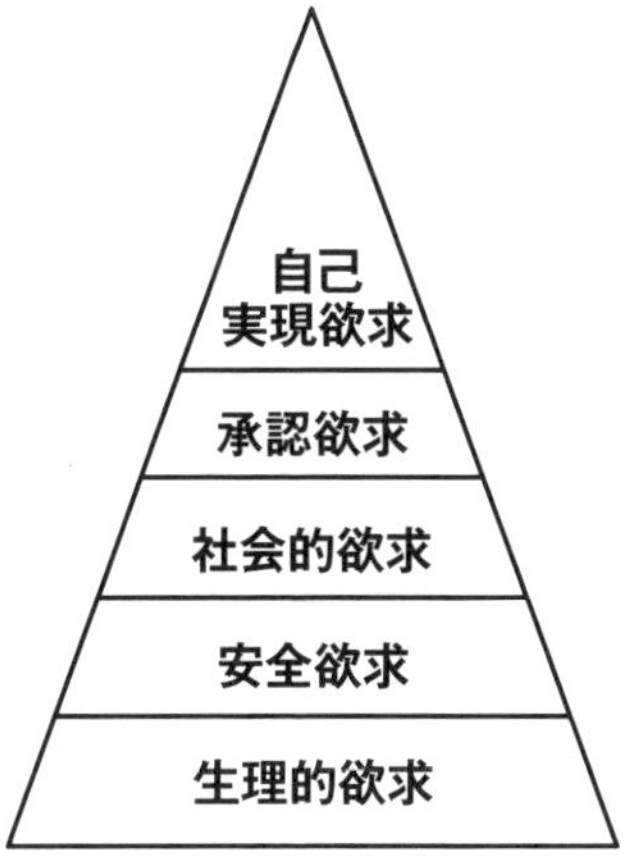

ギグワーカーたちは、もちろん前者だ。雇用や所得が不安定なギグワーカーが増えれば増えるほど、国内消費は抑制される。つまりは、消費という需要が増えない。

需要不足とは、デフレーションそのものだ。デフレが深刻化すると、ギグエコ以外の分野でも雇用や所得が不安定になる。

企業倒産や工場閉鎖が相次ぎ、当然ながら失業者も増えてくる。失業者は、「所得を稼げないよりは、ギグエコで働く方

図㉕　マズローの欲求段階説

自己実現欲求
承認欲求
社会的欲求
安全欲求
生理的欲求

がまだいい」

と考えるため、「仕事単位で賃金を支払いたい」と考える企業側のニーズを満たす。そして、ギグワーカーが増えれば、マズロー欲求5段階説の安全欲求が満たされず、デフレが深刻化する。デフレが深刻化すれば、ますますウーバーイーツに代表されるシェアエコのプラットフォーマーたちが潤う。

長引くデフレーションで苦しむ日本国の省庁が、「フリーランス（個人事業主）」や「副業・兼業」を推進するなど、本来はありえない話なのだ。

とはいえ、デフレで需要不足が続くと、企業にしても余裕がなくなり、むしろギグエコへの期待が高まってしまう。

まるで、アリジゴクのように、事業者や個人、あるいは顧客が、シェアエコのプラットフォーマーへの依存を高めていかざるを得ない構造になっているのだ。この種のシェアエコやギグエコ、労働者のフリーランス化を、経済産業省をはじめとする日本政府は「推奨」している。

なぜ、こうなるのだろうか。

政商の支配

認識共同体という考え方がある。認識共同体とは、人間は自らが属している「共同体」の構成員とのみ会話し、思考し、共同体以外の考え方を理解できなくなるという現象だ。たとえば、主流派経済学者たちは「主流派のサロン」に所属し、似たような考え方を基盤として持つ経済学者としか話さない。サロンの中で、緊縮財政や規制緩和、自由貿易が「正しい」ことを互いに認め合い、安心する。実は、そもそも「貨幣論」という大本から間違っているという事実など、想像もしないのだ。そして、MMTのように自分たちの考え方を根底から覆す勢力が登場すると、端からまともに相手を理解しようとはせず、全否定し、ひたすら攻撃する。

日本の官庁でいえば、経済産業省の官僚は経済界のリーダーたちとしか話さない。マジョリティである一般国民と会話する機会が皆無なのだ。結果的に、経産官僚は財界の希望が「正しい」と認識してしまい、国民の豊かさや安全ではなく、特定のビジネスの利益最大化を目的とする政策のみを推進する。

経済産業省の官僚は、

「日本はキャッシュレス決済が普及しておらず、遅れている」

「法人税を引き下げなければ、企業が日本から出ていく」

といった話「しか」しない財界人と付き合い、日本国民を困窮させる政策「のみ」が議論される共同体に属することに安心感を覚え、キャッシュレス決済や法人税減税を推進しようとするわけだ。

実際、２０１９年10月の消費税増税の際には、キャッシュレス決済のプラットフォーマーの利益にしかならない「ポイント還元制度」が導入された。悲願の消費税増税を何としても実現したい財務省と、経済界の要請を受け、日本でキャッシュレス決済を普及させたい経産省が「バーター」したのである。ポイント還元には、もちろん予算が必要だが、２０２０年6月末までの限定措置であるため、財務省側も折れたのだろう。

あるいは、法人税減税も同じだ。経産省官僚は毎日のように財界人と会い、

「法人税を下げなければ、日本国内での操業が困難になる」

との呪文をささやかれ続ける。それに対し、財務省はとにかく消費税を増税したい。結果的に、毎度毎度、消費税増税と法人税減税という「二重のデフレ化政策」がパッケージで実施されることになるわけだ。

厄介なことに、消費税増税は経団連をはじめとする大企業にとっても都合が良い。消費税増税で日本経済がデフレ化すれば、国民は貧困化し、

「安い人件費でも構わないので、働きたい」

と、ならざるを得ない。となると、自然と人件費の水準は切り下げられていき（図㉓の

図㉖　日本の労働者派遣事業所数合計（社）

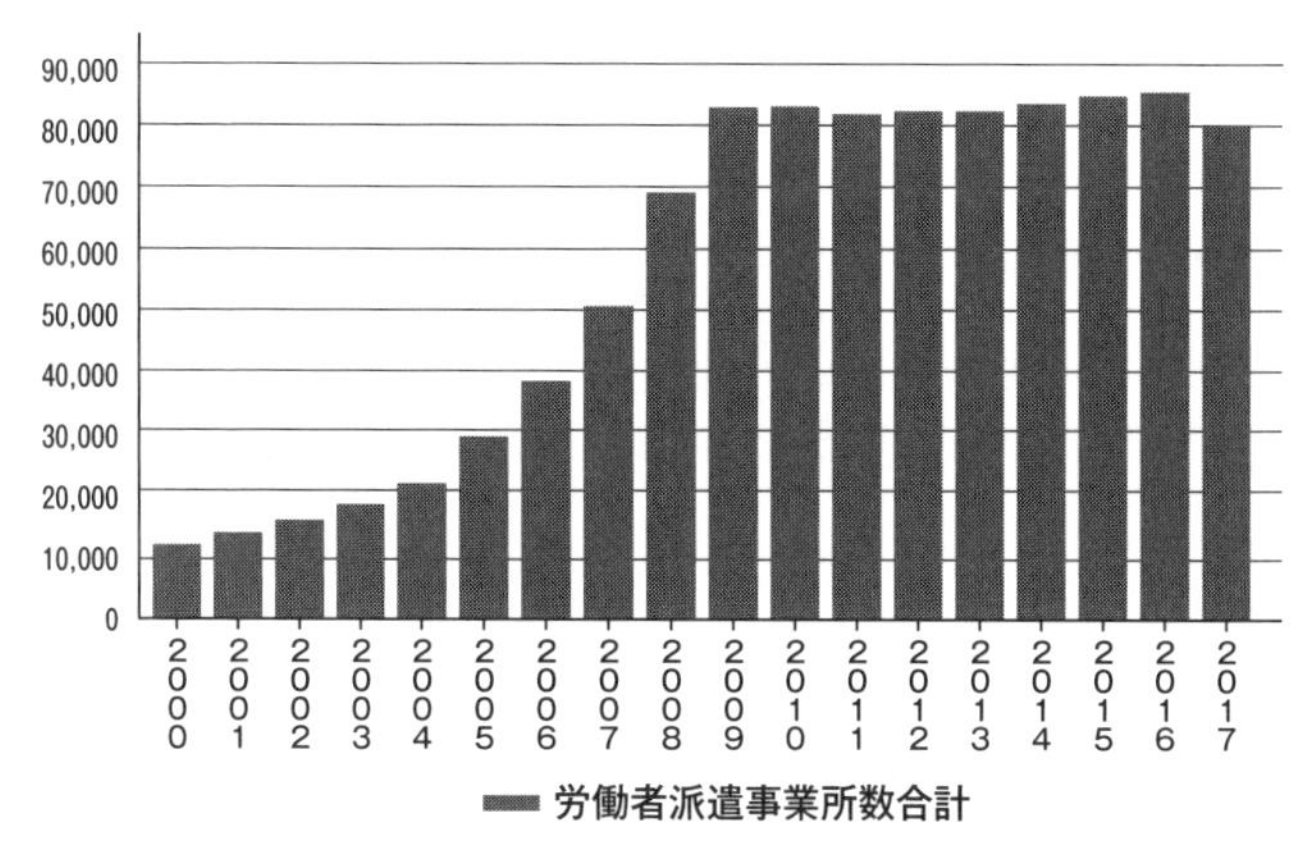

出典:一般社団法人日本人材派遣協会

通り、大企業の従業員ですら例外ではない）、さらには法人税率も下がり、別に経営努力をしなかったとしても純利益が増える。政策により膨れ上がった純利益から、株主に配当金が支払われ、自社株買いが行われる。経営者も、ストックオプションで儲ける。

先述の通り、消費税増税は人件費の外注費化を進める形でも、企業の純利益拡大に貢献する。同時に、デフレで業績が上がらない中、企業は正規社員という「固定費」を、派遣社員という「変動費」に切り替えることを進めた。無論、自社で派遣会社を設立するケースもあるが、専門の派遣事業者にも巨大なビジネスチャンスをもたらした。

図㉖の通り、２０００年度には1万２０００社だった国内の派遣事業所数が、２００９年に8万社を超えた。日本における人材派遣は、中曾根政権期の1986年に解禁された。当初は、正規雇用が派遣スタッフに置き換えられる可能性が少ない、13の専門的業務に限られていた。

1996年に対象業務が26に拡大され、その後も規制緩和は進み、2004年、ついに製造業務への派遣が解禁されることになり、派遣労働者も派遣事業所も一気に激増した。ちなみに、小泉政権期に労働者派遣の規制緩和に貢献したのが、経済財政政策担当大臣として小泉改革の旗頭を務めた、ご存じ、竹中平蔵氏である。竹中氏は、本書執筆時点で日本の人材派遣最大手パソナ・グループの取締役会長を務めている。現在、安倍政権下で未来投資会議の民間議員でもある。

要するに、バブル崩壊後の日本では、竹中氏に代表される「政商」たちが、政治家や経産官僚などの「日本政府」と密接に結びつき、自己利益最大化のための「改革」が繰り返されてきたわけである。「改革」とは、主に規制緩和であり、自由貿易だ。規制緩和にしても、自由貿易にしても、国内市場の参入障壁を取り払い、競争を促進する。厳密に書くと「新規参入する企業のビジネスの利益を拡大する」デフレ化政策になる。つまりは、日本は図②の総需要を緊縮財政で叩き潰し、反対側で不要不急（というか有害）な規制緩和、自由貿易で供給能力を強引に押し上げてきたわけだ。デフレが深刻化して、当たり前である。

そして、デフレで国内経済が低迷すると、

「日本経済が成長しないのは、改革が足りないためだ！」

と、竹中氏らが叫び、さらにデフレ深刻化をもたらす規制緩和や自由貿易が進む。結果的に、特定のビジネスが自己利益を最大化し、投資家の懐に巨額の配当金やキャピタルゲインが流れ込む。

ちなみに、竹中氏は凄い人物で、自らが小泉政権の閣僚だった時期に、日本経済のデフレが続くべく、三つの経済指標の定義を変えてしまった。具体的には、財政目標としてPB黒字化という考え方を導入。さらに、図②の供給能力が低く見えるよう、潜在GDPを「最大概念」から「平均概念」に変更。潜在GDPが「最大の供給能力」から「過去の実績（GDP）を平均した供給能力」に変わってしまったのだ。デフレでGDPが伸び悩む日本で平均概念を使うと、潜在GDPが小さく計算されてしまう。日本の潜在GDPが現実よりも縮小し、デフレが継続していても「インフレに見える」ようになってしまったのだ。結果、政府はデフレ対策を打ち出しにくくなる。

さらに、内閣府のマクロ経済モデルを、先進国の「需要牽引型」から、発展途上国型の「IMFモデル」に切り替えた。発展途上国は、資本蓄積が十分ではないため、政府が無闇に需要を拡大しても、インフレ率が上昇するだけで、経済成長は抑制される。それに対し日本は供給能力が総需要を上回るほどに資本が蓄積されている（故に、デフレだ）。政府が財政拡大で総需要を増やせば、稼働していなかった工場や設備、人材が動き出し、設備投資も拡大し、経済成長率が一気に高まることになる。

ところが、ＩＭＦモデルで日本経済をシミュレートすると、

「財政拡大してもインフレ率が上がるだけで、経済は成長しない」

という結論が導かれてしまうのだ。結果的に、財政拡大は封じられ、日本のデフレは延々と続く。

お分かりだろうが、竹中氏が導入した三つの指標は、全て図⑤のⅡ派の考え方に基づいている。経済界を中心としたⅡ派の政治力は、最終的には竹中氏を通じて経済指標という「経済の羅針盤」までをも、デフレ継続に向かわせるように置き換えてしまったのだ。

緊縮財政や各種の「改革」によりデフレが継続する限り、日本は低成長路線から抜けられず、

「日本経済が成長しないのは、改革が足りないためだ！」

が、繰り返される。まさに悪夢のスパイラルだ。

カネで自民党をコントロールする経団連

もっとも、経済界が日本の政界に影響力を発揮するのは、別にバブル崩壊後に始まった話ではない。そもそも、日本を代表する経済団体である経団連（一般社団法人日本経済団

体連合会）とは、我が国の経済界が政治に影響力をふるうために発足し、現在に至るまで存続している政治団体なのだ。

大東亜戦争敗北の翌年、１９４６年に設立された経団連は、かつては「財界の総本山」「影の政府」などと呼ばれていた。高度成長期には、経済界の意向に逆らう総理大臣が、政権の座から引きずりおろされるケースもあった。

経団連に象徴される日本の経済界の「政治力」の源は、もちろん自民党への政治献金である。55年体制が始まった１９５５年以来、経団連が旗を振り、巨額の政治献金が自民党に流れた。１９９３年には、金丸事件やゼネコン汚職事件などのスキャンダルも影響し、自民党が下野すると、年間１００億円を超えていた財界マネーは、一旦は途絶えることになる。

その後、２００２年に経団連会長に就任した奥田碩氏（トヨタ自動車）が自民党への献金を再開した。いわゆる「政策評価」方式を導入し、経済界が望む政策についての各党の取り組みを検証。経団連の加盟企業は政策評価に応じ、各政党に献金する流れとなった。

もっとも、２００９年に民主党政権が誕生すると、当時の経団連会長の御手洗冨士夫氏（キヤノン）は鳩山由紀夫首相（当時）と会談。政策評価方式は取りやめとなり、経団連の政治献金斡旋は停止された。

２０１２年末に自民党が政権に復帰すると、御手洗氏の跡を継いだ米倉弘昌氏（住友化学）が再び政策評価方式を復活。その後、米倉の次の会長である榊原定征氏（東レ）の時代に、経団連加盟企業による自民党への政治献金が再開した。総務省によると、２０１６年、自民党の政治資金団体に対し、23億円の企業・団体献金が行われている。

経団連の加盟企業の経営者たちは、自民党とのパイプを活用し、実に40年以上もの歳月をかけ、「国民のための日本経済」を、「特定の誰かの利益最大化のための日本経済」へとモデルチェンジさせたのである。特に重要な経団連会長が、第4代会長の故土光敏夫氏（東芝）だ。土光氏は、「ミスター合理化」「行革の鬼」「メザシの土光さん」といった異名で有名なのだが、本人は確かに質素倹約を好む人物だったようである。

むしろ、それが問題だった。

国民経済の五原則の二を、思い出してほしい。

「二、国民経済において、貨幣は使っても消えない。誰かの支出は、誰かの所得である。」

我々が働いて稼ぐ所得は、誰かの支出である。金は天下の回り物とはよくいったもので、誰かが貨幣を使ってくれないことには、我々の手元に貨幣は訪れない。

アメリカの政治家、科学者であったベンジャミン・フランクリンは、

「1ペニーの節約は、1ペニーの所得である」

という言葉を残している。現時点で1ペニーを節約し、預金すれば、「将来」消費や投資に使うことができる。だから、1ペニーの節約は「将来の所得」になる。

といいたかったのだろうが、見事なまでの商品貨幣論だ。フランクリンが1ペニーを節約したとき、「他の誰か」が所得を稼ぐことができず、貧困化する。

商品貨幣論は、特に企業経営者にとって納得感を得やすい。土光氏も例外ではなかったのだろう。企業経営においては、

「売上が一定だったとして、費用を削減すれば、自社の利益は拡大する」

は、完璧に正しいのだ。もっとも、「自社」が費用を削減したとき、確実に「他社」の売上や利益を削ってしまっているのだが、鳥瞰的（マクロ的）な視点を持たない経営者や政治家の多くが、企業的レトリックで「財政」を考えてしまう。

結果的に、緊縮財政が「善」とされてしまうのだ。政府が緊縮財政で予算を節約すると、その分、国民の所得が減ってしまうのだが、誰もそれに気が付かない。

タイミングが悪いことに、土光氏が経団連会長として「政治力」を握った時代は、政界では大平正芳が総理大臣を務めていた。1975年に通常予算で初めて赤字国債が発行された際に、

「万死に値する！　一生かけて償う」と、大蔵大臣として叫んだ、あの大平である。

当時の日本を代表する小さな政府主義者で、総理就任前から緊縮財政派であった大平は、総理就任後に各種の「政策研究会」を組織した。そこに、かつては全日本学生自治会総連合（全学連）の委員長であった香山健一氏をはじめ、当時、復活しつつあった新古典派経

済学、グローバリズムの信奉者たちが結集した。グローバリズムとは、文字通り世界をグローバルとして捉え、国境をなくすことを目指す思想だ。それに対し、香山らが信じたトロツキズムは、やはり国境を否定し、世界革命を志向していた。国家否定という点で、グローバリストとトロツキストは同じなのだ。

香山氏は、1956年に全学連の委員長に就任し、日本共産党と対立。島成郎氏とともに共産主義者同盟（ブント）を結成し、「一国の社会主義建設の強行と平和共存政策によって、世界革命を裏切る日和見主義者の組織に堕落した公認の共産主義指導部（スターリン主義官僚）と理論的、組織的に自らをはっきり区別し、それと非妥協的な闘争を行い、新しいインターナショナルを全世界に組織するために努力し、世界革命の一環としての日本プロレタリア革命の勝利のために闘う（1959年第3回大会で共産主義者同盟が採択した規約）」

と、宣言した人物だ。

民間議員として自らの利益を最大化させる政策を推進

その後、学習院大学の教授となった香山氏が中心となり1974年から1977年にかけ、文藝春秋から『日本の自殺（グループ1984年）』が発表された。筆者も「日本の自殺」を読んでいるのだが、一言でいうと、典型的な「インフレ対策」の政策提言書になっている。日本国民が社会保障に甘えており、より厳しい環境に放り込み、生産性を高め、インフレ率を引き下げるべきと説いているのだ。

そして、論文『日本の自殺』に感銘を受け、香山氏らを大平に引き合わせたのが、土光敏夫氏なのである。土光氏もまた、自前の「倹約主義」から、政府の財政赤字拡大を喫緊の課題として捉えていたようだ。

大平内閣の「政策研究会」に、当時の日本の小さな政府主義者たちがブレーンとして結集した。研究会の議論は政策研究報告書として公表されている。

「政策研究会」の考え方は、その後の日本の政策に決定的な影響を与えることになった。たとえば、１９８０年にまとめられた「大平総理の政策研究会報告書」には、以下の提言が記載されている。

《(太平洋について) 内海と化した。太平洋諸国がひとつの地域社会を形成し得る条件が整った。太平洋諸国が、その特色とする活力とダイナミズムをよく活用して、グローバリズム(※原文ママ)の新たな担い手となることを、心から期待する》

《外国為替管理法による厳重な統制が、人為的低金利政策等を実現する制度的な裏付けであったが、日本の国際的な地位の向上に伴い、「原則禁止・例外自由」という構造を持つ

外国為替管理を維持することは不可能になった》
《財政赤字が拡大し、国債の大量発行時代が招来されたことである》
《経常的な歳出まで経常的に公債の発行に依存する現在の状況は極めて危険であり、当面の目標を「赤字公債」からの脱却におくのは妥当である》

自由貿易、規制緩和、緊縮財政。まさに、大平内閣こそが「思想的」な面で、自民党におけるグローバリズムの先駆けとなったのだ。提言を読めば分かるが、すべてが図⑤のⅡ派の考え方に基づいている。

大平内閣の「政策研究会」の提言は、驚くべきことにその後「40年」も政策に影響を与え続けた。ＴＰＰ、金融の規制緩和、為替自由化、ＰＢ黒字化目標など、着実に推進、実現されていくことになる。

さらに、土光氏は大平の跡を継いだ鈴木善幸内閣において、第二次臨時行政調査会の会長に就任（いわゆる土光臨調）。概算要求時点の予算の伸び率をゼロにする「ゼロ・シーリング」という緊縮財政を実現させた（現在は、ゼロどころかマイナス・シーリングだが）。土光臨調は財政赤字を１９８４年度までにゼロにすること（現代でいえば「ＰＢ黒字化」）、国鉄、日本電信電話、日本専売公社という三つの公社の分割民営化などを提言。三公社民営化が、その後の中曾根政権で実現したのはご存じの通りである。やはり土光臨調が提言した総合管理庁構想は、橋本政権の行政改革へとつながっていく。

土光臨調以降、中曾根政権、橋本政権、そして小泉政権と、日本政府はひたすらグローバリズムのトリニティを推進していくことになる。政府の役割を小さくし、様々な規制を緩和し、公共サービスやインフラを民営化し、民間の「ビジネス」と化していく。

また、2004年に経団連の副議長に就任した宮内義彦氏（オリックス）は、小泉政権下で政府の規制改革関連の審議会会長を歴任。2001年に内閣府に設置された総合規制改革会議の議長を務め、2002年に製造業における労働者派遣の解禁を内閣に答申した。

経団連加盟企業を中心とする日本の「経済界」は、政府の各種会議に経営者が入り込み、いわゆる「民間議員（実際はただの民間人）」として提言することで、自らの利益最大化のための政策を実現する。経済界にとって、政治的なライバルは農協や医師会など、国家の安全保障を担う政治団体である。

自己利益最大化のために「政治力」を利用

興味深いことに、1990年代以降の日本では農協や医師会が、「既得権益」として、マスメディアの総攻撃を受け、次第に政治力を落としていった。同時に、農協改革や農地法・農業委員会法の改定や、混合診療の拡大など、国民の食や医療の安全を破壊する「改革」が進む。農業や医療の参入障壁が下げられ、新たに新規参入した「経済界」の企業が儲けるという構図が定着してしまっている。

既得権益とは、何のことなのだろうか。定義的には、特定の社会的集団が歴史的な経緯により維持している権利、及びそこに付随する利益ということになる。

ということは、農協や医師会はもちろんのこと、経団連にしても立派な既得権益ということになってしまう。ところが、日本のメディアにおいて、経団連に「既得権益」とレッテルを貼り、批判する者はいない。

結局のところ、政治力の問題なのだ。

農協や医師会など、図⑤のⅠ派に属し、国民の安全のために動いている集団と、Ⅱ派の「自己利益最大化」のための集団がぶつかり合い、後者が勝ち続けているというだけの話に過ぎないのである。経団連の企業はスポンサーとして大手メディアを抑えている。農協や医師会を「既得権益！」と批判させることはあっても、自分たちに対する攻撃はご法度だ。新聞やテレビにしても、巨大スポンサーの集団である経団連の意向に逆らう報道など、できるはずがないのである。

興味深いことに、経団連は現在においても「主要政党の政策評価」を続けているのだが、評価ポイントの中に「財政健全化・社会保障制度改革」がある。自由民主党の２０１９年の政策評価を見ると、財政関連の「取り組み・実績」は以下の通りだ。

『◆消費税率を10％に引き上げ、全世代型社会保障の構築と財政健全化に取り組む。
◆健康寿命の延伸など、予防・健康づくりを推進している。
◆「骨太方針２０２０」において、給付・負担のあり方を含む社会保障の総合的かつ重点的に取り組むべき政策を取りまとめることとしている。
◆２０２５年度の国・地方を合わせたＰＢ黒字化を目指すと同時に、債務残高対ＧＤＰ比の安定的な引き下げを目指すことを堅持する。』

お分かりだろう。経団連の財政に対する考え方は、財務省の緊縮財政至上主義そのままだ。経団連も財務省も、図⑤のⅡ派に属している以上、財政に対する考え方が似ているのは当然だが、ここまで「言葉」や「表現」が同じになるものだろうか。

実は、財務官僚は経団連のトップ層に対し、頻繁に「ご説明」を繰り返し、日本の「財政危機」を訴え、消費税増税やＰＢ黒字化についてインプットを続けているのである。企業経営者として「赤字は悪」と認識している経団連の重鎮たちは、財務官僚の説明に首肯し、納得し、彼らトップ層の意向を受けて「政策評価」が行われている。

ここにもまた、日本国民を苦しめる「認識共同体」が存在しているわけだ。とはいえ、経団連が緊縮志向なのは今に始まった話ではなく、第４代会長の土光氏から引き継がれた文化であり、伝統なのである。

実は一般消費税導入の構想を最初に打ち出したのは、土光氏が会長を務めていた時代の経団連の税制特別部会なのである。同部会は、1978年12月、税率5％、年商1000万円以下は除外する一般消費税構想を明らかにした。

結果、1979年の大平内閣で、一般消費税の導入が政策課題化し、経団連の土光会長が、

「行政改革など打つべき手はあるが、増税もやむを得ない」

と、財政改革（緊縮財政と消費税導入）を進めるように政府の背中を押した。

ちなみに、土光会長は同年12月の記者会見では、

「増税よりも行政改革の実行だ。法人税の引き上げはせっかく上向いた景気や民間の活動の芽を枯らすもので、認められない」

と、法人税増税に対しては猛烈に反対している。

政府は緊縮財政。消費税は増税。法人税は減税という現代に至るデフレ税制の基本構造は、土光会長時代に始まったのである。もはや、大平・土光の呪縛とでも表現するべきだ。

さらに、経団連は斎藤英四郎会長（新日本製鐵）時代の1988年6月、自民党の税制調査会との懇談で、

① 法人税減税は歓迎するが、さらに一段の引き下げを要望する。

② 新型間接税は価格に転嫁しやすいタイプが望ましい。

と、主張した。

自民党政権は経団連の提言を受け、税制改革法案、消費税法案などの6法案を、1988年7月に閣議決定。そして、同年12月、自民党は消費税法案について参議院を通過させ、翌年1989年4月1日に、ついに消費税が導入されるに至った。実は、日本経済の最大の癌である消費税は、経団連の「政治力」により導入されたのである。財務省（当時は大蔵省）としては、法人税減税と消費税導入をバーターしたという話なのだろう。財務省にせよ、経団連にせよ、経済政策の発想はことごとくが図⑤のⅡ派に根差すものなのだ。

もっとも、繰り返しになるが図⑤のⅡ派の考え方は、全てが「インフレ対策」である。つまりは、物価を引き下げることが目的になっている。

我が国は1997年の橋本政権以降、デフレ下でⅡ派が主導するインフレ対策を続けてきた。現在の安倍政権にしても、例外ではない。日本のデフレが継続しているのは、当たり前すぎるほど当たり前なのである。

とはいえ、日本のデフレがさらに深刻化し、GDPが数割も消し飛ぶ「恐慌」の状況になったならば、どうなるだろうか。インフレ対策であるⅡ派の主流派経済学は、超デフレーションである恐慌に対しては、全く立ち向かいようがない。

もっとも、さすがに日本においてGDPが数割消滅する規模の恐慌が発生するなど、筆者が生きている間はあり得ないと考えていた。財務省と経済界が主導する経済政策が続き、デフレ環境下でインフレ対策がひたすら実施され、国民は緩やかな死に向かって歩みを進めることになるだろうと予測していたのだが、事態は急変することになる。

まさか、こんな日が来るとは思ってもみなかった。

第四章

第二次世界恐慌の襲来に耐えられるか

インフラ整備がなければＧＤＰはまったく増えない

改めて「国民経済」とは、国民が生産活動に従事し、財やサービスを生産。生産された財、サービスに対し誰か（誰でもいい）が消費、投資として支出し、所得が創出されるという、一連の所得創出のプロセスのことである。いわゆる「経済」は、生産活動である実体経済と、資金調達の金融経済に分かれる。

図㉗の通り、我々は生産者として働き、付加価値としての財やサービスを生産する。生産された財、サービスを家計、企業、政府、外国といった顧客が購入する。ちなみに、外国への財、サービスの売却が「輸出」だ。

生産された財やサービスに貨幣が支払われることで、我々は所得を稼ぐことができる。付加価値を生産し、支払いが行われ、所得が誕生。所得創出のプロセスにおける付加価値の「生産」「支出」「所得」の三つは必ずイコールになる。

そして、国内の付加価値の生産の合計こそが国内総生産（ＧＤＰ）だ。つまりは、ＧＤＰとは生産の合計であり、支出（あるいは需要）の合計であり、所得の合計でもあるのだ。内閣府はＧＤＰについて、「生産面のＧＤＰ」「支出面のＧＤＰ」「（所得の）分配面のＧＤＰ」の三つを公表している。三つの面のＧＤＰは、総額が必ず一致する。これを、ＧＤＰ三面等価の原則と呼ぶ。セイの法則やら、クラウディングアウト理論やら、主流派経済学

図㉗　所得創出のプロセス

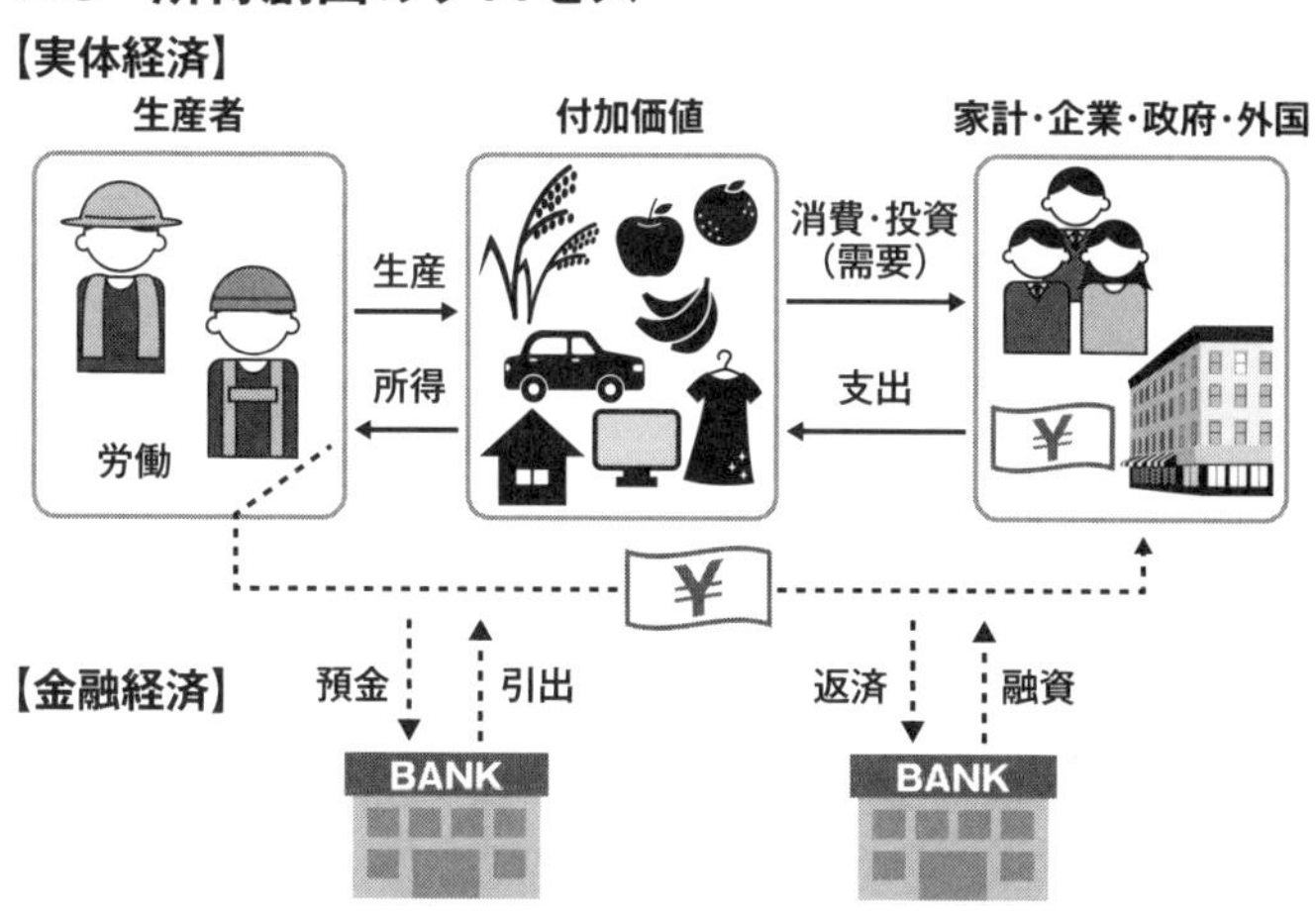

者が標榜する法則はすべてでたらめだ（膨大な条件が整えられ、ようやく成立する）。だが、GDP三面等価の原則は普遍的である。

第一章の図②の中央部の「名目GDP」は、支出面で見たものであるが、生産面や所得面（分配面）で見ても、総額は変わらない。

要は、所得創出のプロセスこそがGDPそのものというわけだが、一般には「実体経済」と呼ばれている。新聞などで頻繁に見かけることが少なくない「実体経済」とは、所得創出のプロセスを意味するのだ。

さて、所得創出のプロセス上を動く「貨幣」は、特定の「物」「商業用品」として回っているわけではない（金貨・銀貨の世界ではないのだ）。プロセスにおいて財やサービスと交換される形で動き回る貨幣は、もちろん「我々が働き、稼いだ所得」というケースもある。とはいえ、「所得として貨幣を稼ぐ→支出する→誰かの所得になる」のみでは、社会全体の貨幣の量が増えないため、経済は成長しようがない。というよりも、貨幣が不足し、恒常的なデフレーションになってしまう。

現実の所得創出のプロセスで流れる貨幣は、「債務と債権の記録」という貸借関係であるため、状況に応じて増えたり減ったりする。先述した通り、誰かが負債（債務）を増やせば、貨幣量は増える。逆に、負債を返済されてしまうと、貨幣量は減る。

我々が日常的に使っている貨幣、すなわち銀行預金は、主に、

●民間（一般企業や家計）が銀行から貨幣を借り入れる。

●政府が国債を発行し、支出をする際に銀行に振込指示。

と、誰かが負債を増やしたときに創出される。重要なのは、債務と債権の記録である貨幣は、借金が返済される、つまりは貸借関係が解消されると「消滅」するという点だ。

我々は日常的に消費をしているが、経済成長により強烈な影響を与えるのは投資である。投資は「人間の意思」によって決定される。つまりは、オールオアナッシングなのだ。

たとえば、一人の権力を持つ政治家が、

「日本の交通インフラを10兆円分、整備する」

と、決断し、公共投資として支出されると、少なくともその全額分だけで日本のＧＤＰは、成長する。逆に、公共投資の決断がなされなければ、ＧＤＰはまったく増えない。

日本の場合、個人消費（GDP上の民間最終消費支出）は305兆円（2019年）と巨額ではあるが、それほど激しく変動するわけではない。日本国民が消費を一斉に5％増やすといったことは、あり得ないとまではいわないが、少なくとも「一個人の判断」ではできない。政府は国民の消費を増やすべく、たとえば消費税を廃止するなどの「政策」を打つことは可能だが、強制は不可能だ。

それに対し、投資は政治家や経営者といった一個人の判断で、巨額の貨幣を支出できる。大企業が100億円の投資をすることは「業務」だが、個人が一人で100億円の消費をすることは現実的ではない。

経済成長に大きな影響を与えるのが投資であるが、企業にせよ政府にせよ、手持ちの資金が不足しているならば、銀行から借りればいい。政府は国債発行で、企業は銀行融資で貨幣を借り入れ、投資する。

政府や企業の投資により、交通インフラや工場、設備、機械といった国富（生産資産）が生産され、同時に社会全体に銀行預金という名の貨幣が創出される。企業の投資は、その後、生産活動で稼がれた所得により償却（減価償却）されていく。政府の公共投資は、資金調達のために発行された国債が「永遠に」借り換えされることで、国内に国富が積み上がっていく。いわゆる、資本蓄積だ。企業や政府の投資により蓄積された生産資産の上で、国民が生産性高く財やサービスを生産し、所得を稼ぎ、豊かになっていく。これが、資本主義の基本なのである。

銀行融資と投資が落ち込むと資本主義が成り立たない

資本主義において、銀行融資を受けて投資をするのは普通のことだ。生産性を高めるためのインフラや工場、建築物、店舗、設備、機械、運搬車両などへの投資は大いにやるべきである。無論、資金は銀行から借りればいい。

しかし、特定の資産（土地、株式など）の値上がり益を目的とした「融資と支出」は問題だ。いわゆる、投機である。たとえば、

「土地の価格が値上がりしている。まだまだ上がるはずだ。ならば」

と、銀行からお金を借り、土地に投機する。皆が同じように土地への投機を進めると、実際に値段が上がる。それを見た別の人が、

「ならば、自分も」

と、借りたお金で土地に投機。土地の価格が実体からかけ離れた水準にまで上昇してしまう。これが、バブルだ。

バブルは、確実にはじける。というよりも、はじけないならば、それはバブルではない。単なる、資産価格の上昇に過ぎない。たとえば、国民の所得が増えていき、自らの資産形

成のために不動産を買う人が増えた。結果、不動産価格が上昇した。これは、普通の経済現象だ。

そうではなく、自分が暮らすわけでも、生産活動に使うわけでもないにもかかわらず、キャピタルゲイン目当ての借金による資産価格購入が激増する。これが、バブル膨張のプロセスだ。

バブルは、確実にはじける。経済学的な理屈では、

「資産から得られる収益が、負債（借入）に対する金利の支払いを下回った瞬間」

に、バブル崩壊となるわけだが、現実にはそこまで厳密な測定はできない。というよりも、バブル崩壊の瞬間は、後になってみなければ分からないわけだが、いずれにせよバブルは確実にはじける。結果、借り入れた資金で資産を購入した人は、バランスシート上で、

「借方の資産の実質的な価格が暴落しているにもかかわらず、貸方に計上された負債は変わらない」

という状況に陥ってしまう。

分かりやすく書くと、1億円の借金をしてゴルフ会員権を買ったとしよう。バブルが崩壊し、ゴルフ会員権の市場価格が100万円になったとしても、借金の残高1億円は変わらないという話だ。

結果的に、バブル崩壊後の国民は一斉に借金の返済を始める。すなわち、貨幣の「消

図㉘　日本の総固定資本形成（左軸）と銀行貸出（右軸）

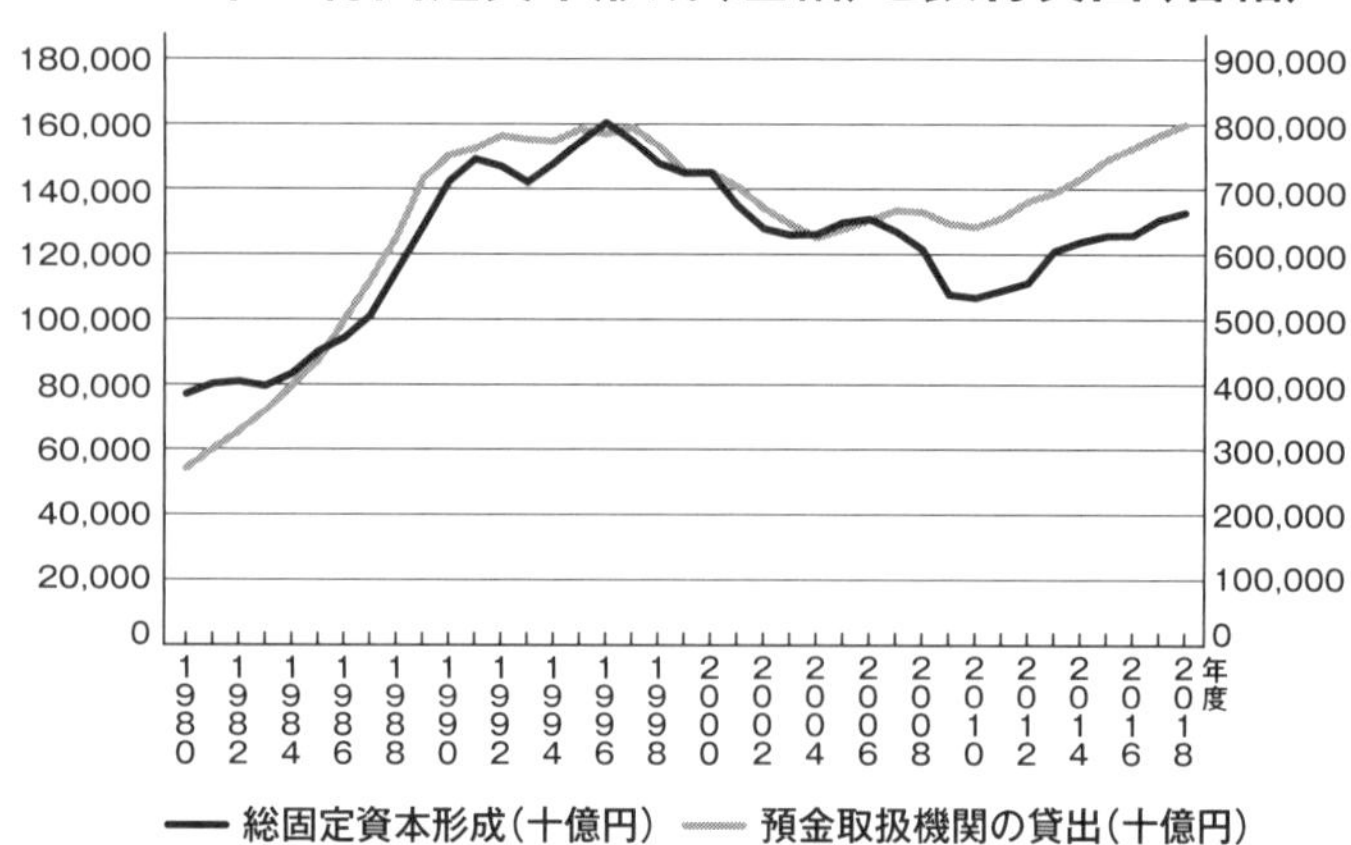

出典:日本銀行、内閣府

※総固定資本形成は1993年度までが1993SNA、1994年度以降は2008SNAで連続していない

減」が始まるわけだ。繰り返しになるが、銀行預金という貨幣は、借金が返済されると消えてしまう。

さらには、図㉗（181ページ）の所得創出のプロセスにおける「所得」の多くが借金返済に回されてしまう。当たり前だが、借金を返済している民間企業や家計は、銀行からお金を借りてまで投資を増やそうとはしない。結果的に、実体経済における投資が激減し、経済成長率は落ち込む。金融経済では、銀行からの貸し出しが伸び悩むどころか、明確に減っていくことになる。

図㉘の通り、日本は1990年代前半のバブル崩壊以降、銀行融資（預金取扱機関の貸出）と総固定資本形成（※民間企業の設備投資+住宅投資+公共投資という投資の合計）は横ばいになってしまった。さらに、199

7年の緊縮財政を強行し、日本経済がデフレ化すると、銀行融資と投資が共に落ち込んでいった。

まさに、資本主義の崩壊だ。

銀行融資は2004年度に底打ちし、その後は反転した。つまりは、日本のバブル崩壊の主役を務めた企業が、負債の返済に目処を付けたという話である。

それに対し、総固定資本形成（投資の合計）はリーマンショック後の2010年度まで落ち続け、未だにピークの1996年度の水準を回復していない。投資が伸びない国が経済成長するなど、ありえない。実際、図⑱（116ページ）の通り、日本の経済成長率は主要国最低だ。というよりも、まったく成長していない。

理由はもちろん、バブル崩壊後に民間企業が借金返済に邁進し、さらには将来不安の高まりを受け、国民が所得を預金として貯めこむことを選択し、消費や投資が減ったためだ。その状況で、橋本政権が「消費や投資を減らす緊縮財政」を強行し、需要（名目ＧＤＰ）縮小に拍車がかかった。需要が減っても、それまでの投資の蓄積である供給能力は消えない。結果、デフレギャップが拡大し、国民経済はデフレ化した。

日本では、1997年に始まったデフレーションが長期間続いた。物価は下がるものの、それ以上に給与が減る形で実質賃金が下落していく。貧困化した国民が消費を減らす。需要、市場が小さくなっていく状況で、果敢な設備投資に乗り出す企業はない。結果、需要縮小、賃金下落、需要縮小というスパイラルがひたすら続く。これが、デフレーションの本質だ。デフレの問題は物価の下落というよりは、需要と所得（共にGDP）の縮小が終わらないことなのである。

デフレから脱却するには、政府が国債発行と財政出動を増やし、デフレギャップを埋めるしかない。デフレ期には企業までもが所得を貯めこみ、投資という「経済成長に必須の需要」を抑制してしまうのだ。

デフレ下で、一般企業は「資金過剰状態」となった

【国民経済の五原則】の、

「四、国民経済において、誰かの黒字は必ず誰かの赤字である。」

この原則から、「誰かの黒字＝誰かの赤字」、さらには「誰かの黒字＋誰かの赤字＝0」になることが理解できる。国民経済の四大経済主体「一般企業（非金融法人企業）」「一般政府」「家計」「海外」の資金的な（※損益計算書ではない）黒字、赤字の統計を資金過不足と呼ぶ。図㉙が1980年以降の日本の主たる経済主体の資金過不足をグラフ化したものだ。金融機関やNPOは、数字が小さくなるため省略した。

図㉙を90度回転させると、左右対称になることに気が付かないだろうか。誰かの黒字は、

図㉙　日本の資金過不足（兆円）

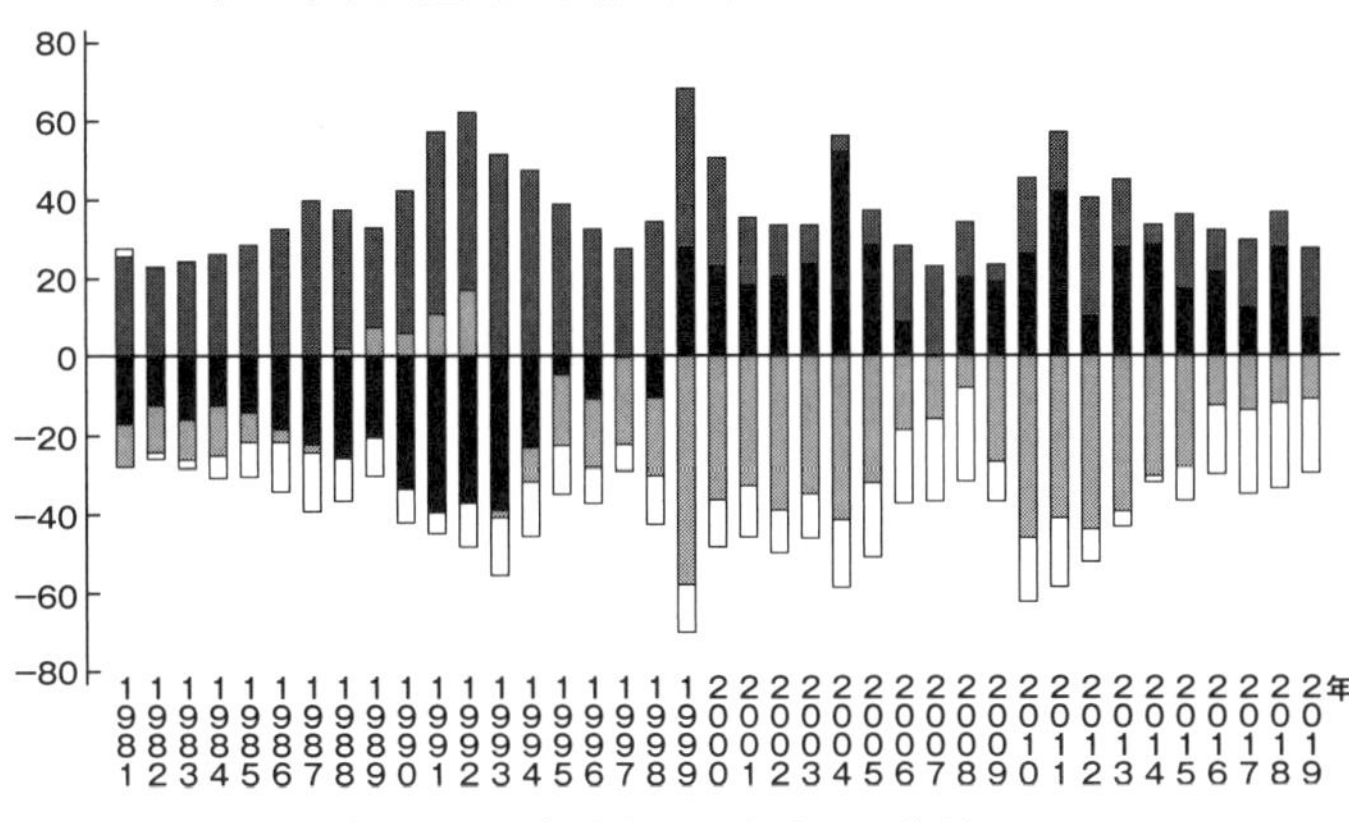

出典:日本銀行

誰かの赤字。誰かの赤字は、誰かの黒字である以上、当たり前なのだ。ＧＤＰ三面等価の原則同様に、

◆一般企業の収支＋一般政府の収支＋家計の収支＋海外の収支＝０

もまた、１００％成立する。例外は（少なくとも、地球上では）起きえない。つまりは普遍的だ。

注目点は、１９９８年以降、一般企業の資金過不足が「資金過剰状態」になっている点である。逆に、１９９７年のデフレ化前、一般企業は資金不足の状況が続いていた。我が国が資本主義経済である以上、企業は資金不足になって当然なのである。

たとえば、企業が１００億円を銀行から借り入れ、工場建設という設備投資を行ったとしよう。投資金額１００億円は、初年度に全額が費用計上されるわけではない。鉄筋コンクリート製の工場の耐用年数は38年だ。企業は、100億÷38年で、毎年、2・6億円ずつ減価償却として費用に計上していく。工場建設で（人件費等の諸費用を除き）毎年3億円ずつ利益が生じたとすると、2・6億円の減価償却費を控除しても最終利益が黒字になる。だが、投資をした初年度の「資金的な収支」は100億円の赤字だ。図㉙の資金過不足でいえば、100億円の資金不足となる。

そのため、企業が将来の利益を求めて投資を拡大する国では、図㉙の一般企業の資金過不足は「資金不足」が常態なのだ。無論、バブル期の一般企業の資金不足の拡大は「行き過ぎ」ではあるのだが、逆に企業が常に資金過剰になるというのは、まさにデフレ期にしか見られない特異現象なのである。

最も脆弱な経済主体である家計に資金不足（借入）の拡大を求めるのは無理がある。家計と一般企業が資金過剰（要は節約）状態を続けている以上、政府が、「一般企業が恒常的に資金不足となり、銀行融資や投資を拡大するまで」資金不足（財政赤字）を拡大するしかない。

ところが、現実の日本政府は財務省主導の緊縮財政至上主義の下、財政赤字を抑制することを続けた。結果的に、我が国のデフレは長引き、今も続いている。

そして、日本が1997年以降に経験したデフレーションが「極端」かつ「世界規模」で進む経済現象こそが、世界恐慌なのである。実は、人類は幾度となく恐慌を経験しているが、1929年に勃発した世界大恐慌は、まさしくニューヨーク・ウォール街の株式大暴落というバブル崩壊から始まった。

バブルが崩壊し、アメリカ国民が借金返済に走り、消費や投資が激減しているにもかかわらず、当時のフーバー政権は図⑤のⅡ派に属する主流派経済学的な「レッセフェール（自由放任主義）」を貫き、アメリカ経済を超デフレーション、すなわち恐慌に突っ込ませた。さらに世界経済が現在同様に「グローバリズム」で結びついていたため、恐慌はアメリカ以外の国々にも伝播し、世界大恐慌となってしまったのである。

大恐慌期のアメリカでは所得が4年で半分近くまで縮小

改めて図⑤を見て欲しいのだが、Ⅱ派の主流派経済学の目的は「インフレーション抑制」である。しかも、財政観が（現在の財務省同様に）財政均衡主義で、これまた「デフレ化政策」である自由貿易を絶対視する。超デフレーションである恐慌に対処できなくて当たり前だ。

恐慌がいかなるものか。現代に生きる日本国民のほとんどが経験したことがないため、実感として理解しにくい。そこで、世界大恐慌の勃発地となったアメリカ経済の状況を、まずはデータから見てみよう。

図㉚　大恐慌期前後のアメリカの
名目GDPと卸売物価指数（左軸）、失業率（右軸）

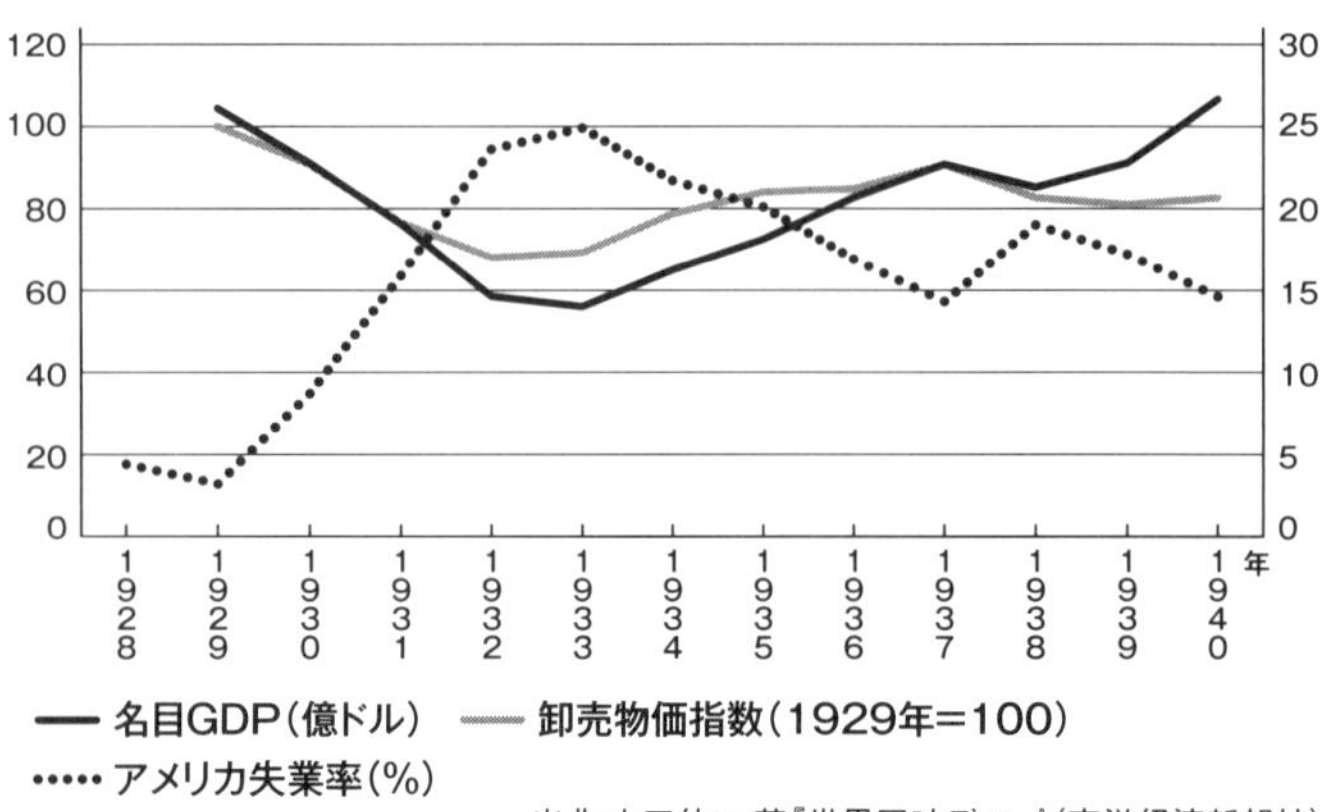

出典：山田伸二：著『世界同時デフレ』（東洋経済新報社）

図㉚の通り、１９２９年のアメリカの失業率は３・２%と、ほぼ「完全雇用」の状況にあった。それが、恐慌の深刻化と共に急上昇し、１９３３年には24・9%と、国民の４分の１に職がなく、所得を稼げない状況に至る。

しかも、24・9%というのは「全国」の数値なのである。農村部の農民は、職を失うことはない。農業を除くと、アメリカの失業率は40%近くにまで達していた。

卸売物価で見たインフレ率は、１９２９年を１００とすると、１９３２年には68。物価が３割以上も下落してしまった。特に、農産物の価格下落はすさまじく、１９３２年に45・9。何と、農産物の価格が、半分未満にまで落ち込んでしまったのだ。

当時、アメリカの農地では、収穫した農産物をブルドーザーでひき潰した。出荷してしまうと、価格下落に拍車がかかってしまうためである。

国民の生産、需要、所得の合計であるGNP（国民総生産）は、1929年のピークから1933年までに45％以上も落ち込んだ。国民の所得が、わずか4年間で半分近くにまで縮小してしまったのである。

結果的に、特に都市部のアメリカ国民は貧困どころか「飢え」に苦しめられる羽目になった。都市部では、公共施設や電車の中などで、「飢え」が理由で失神する人たちが続出した。

100万人から200万人のアメリカ国民が、あてもなく各地をさ迷い歩き、やがて都市部の空き地に木箱や屑鉄を利用した「掘っ建て小屋」が作られるようになっていく。恐慌にまともに対処しようとしないフーバー政権を皮肉り、掘っ建て小屋の集団は「フーバー・ヴィル（フーバー村）」と呼ばれた。

農村部においても貧困は容赦なく進み、農産物の価格暴落の影響で農民は農地や農機具を手放していく。当時のアメリカの農村地帯では、農場の85％が抵当に入っていたといわれ、1932年にはミシシッピー州の4分の1に該当する広大な農地が競売にかけられた。飢えに苦しむ人々は、レストランの裏口で残飯を漁り、生き延びるための騒乱が全国各地で次々に勃発した。

誤解しないで欲しいのは、恐慌期のアメリカ国民は「モノ不足」で飢えたのではないという点だ。むしろ、モノは国中に溢れかえっていた。それにもかかわらず、売れない。結果的に、人々は所得を得ることができず、モノ余りの中で国民が飢えるという異様な状況に至る。

恐慌時のアメリカの政策は現代日本とまったく同じ

現在のデフレに苦しむ日本も、別にモノ不足で人々が困っているわけではない。供給能力が総需要に対して過剰になり、デフレギャップが拡大しているからこそのデフレ継続なのだ。モノは溢れているにもかかわらず、人々に所得がなく、買えない。結果的に物価が下がり、企業が倒産し、失業者が増え、所得がなくなった国民は消費が不可能になり、さらに物価が下がる。

デフレ日本の状況を「最悪」の形にしたのが、まさに大恐慌期のアメリカであり、世界各国だった。

国民が「モノ余りの中で、貧困と飢えに苦しむ」恐慌に対し、当時の主流派である古典派経済学（現在の主流派、新古典派の前身）は手も足も出なかった。それどころか、失業率が2桁に達しているにもかかわらず、経済学の教義に基づき、

「政府は雇用創出をするべきではない。市場に任せ、不要な労働者や企業を清算するべき

だ」

と主張した。

あるいは、大恐慌期にアメリカの財務長官を務め、緊縮財政や構造改革に邁進し、米国民から怨嗟の声を浴びたアンドリュー・メロンは、トリクルダウン理論の信奉者だった。メロン財務長官は、

「大企業の法人税を減税すれば、一般大衆にもお金が回る」

と、現代の安倍政権同様にトリクルダウン理論を強硬に主張し、フーバー大統領は恐慌という「超デフレーション」の環境下で、大規模な法人税減税を実施。もちろん、結果は大企業の内部留保や株主への配当金を増やしただけで、国内の設備投資へおカネは向かわなかった。現在の日本そのものだ。デフレ期には投資効率が極端に下がってしまうため、企業はたとえ余剰資金があろうとも、国内の設備投資に回そうとはしない。設備投資が増えなければ、雇用は回復しない。

大恐慌期のアメリカの投資縮小はすさまじく、1929年には160億ドルだった総固定資本形成（投資の総計）が、1932年には10億ドルと、何と16分の1に落ち込んでしまったのである。

フーバー政権のレッセフェール（自由放任主義）が貫かれ、事態はひたすら悪化していった。

そんな中、Ⅱ派の古典派経済学とは一線を画し、Ⅰ派の立場から、政府による需要や雇用の創出を訴えたのが、イギリスのジョン・メイナード・ケインズであった。ケインズの最大の業績は、セイの法則が「常に成立はしない」という事実を証明したことだ。

主流派経済学の最大の問題は、学者たちが「セイの法則」という〝仮説〟を盲信していることである。あるいは「セイの法則」がまったく成立しない時期があるということを認めず、解決策（ソリューション）を変更しようとしないのだ。

「セイの法則」とは「供給はそれ自身の需要を創造する」と要約される。

需要とはそもそも「消費と投資」のことであるが、「セイの法則」を分かりやすく書くと「財やサービスは生産すれば必ず売れる」となる。「セイの法則」は需要が常に供給能力を上回っているとしているのだ。

ところが、現実には「需要不足」は普通に発生する。特に、株式や土地バブル崩壊後に国民が預金や、借金返済などを増やすと、消費や投資などが激減。国民経済は需要不足に陥る。「セイの法則」など、仮説に過ぎないのだ。

１９３０年代、大恐慌下の世界はまさに「需要不足」に喘いでいた。ところが、「セイの法則」を妄信する古典派経済学は、まともな対策を打ち出すことができなかった。社会に失業者が溢れているにもかかわらず、経済学者は「長期的には需要と供給のバランスは成立する」と主張し、政府の景気対策を否定し続けた。これに対し、

「長期的には、我々はみんな死んでいる」

と、皮肉たっぷりの言葉で、政府による有効需要（ＧＤＰになる需要）拡大を訴えたのが、ケインズだった。

ケインズは、所得から貯蓄に回った貨幣が投資されなかった場合、需要不足は起き得ると「セイの法則」を批判。フーバー政権の跡を継いだアメリカのルーズベルト大統領などに「政府の財政出動」を訴えた。ケインズ的な理論に基づき、推進されたアメリカの大規模景気対策が、ご存じ「ニューディール政策」である。

さて、第二次大戦後、西側諸国ではケインズ的な需要管理政策が採用された。大恐慌に対処できなかったことで、古典派経済学の権威はどん底にまで失墜していたのである。

恐慌の責任をＦＲＢの金融政策に押し付けたフリードマン

凋落したⅡ派の経済学を復活させた「中興の祖」が、マネタリズムの提唱者であるミルトン・フリードマンだった。フリードマンは自著『A Monetary History of the United States, 1867 - 1960』において、大恐慌は不適切な金融引き締めという裁量的政策の失敗が原因だと主張した。つまり、フリードマンは恐慌の責任を「ＦＲＢ」の金融政策に押し付けたのだ。

図㉛　大恐慌期前後のアメリカの銀行の資産の推移（百万ドル）

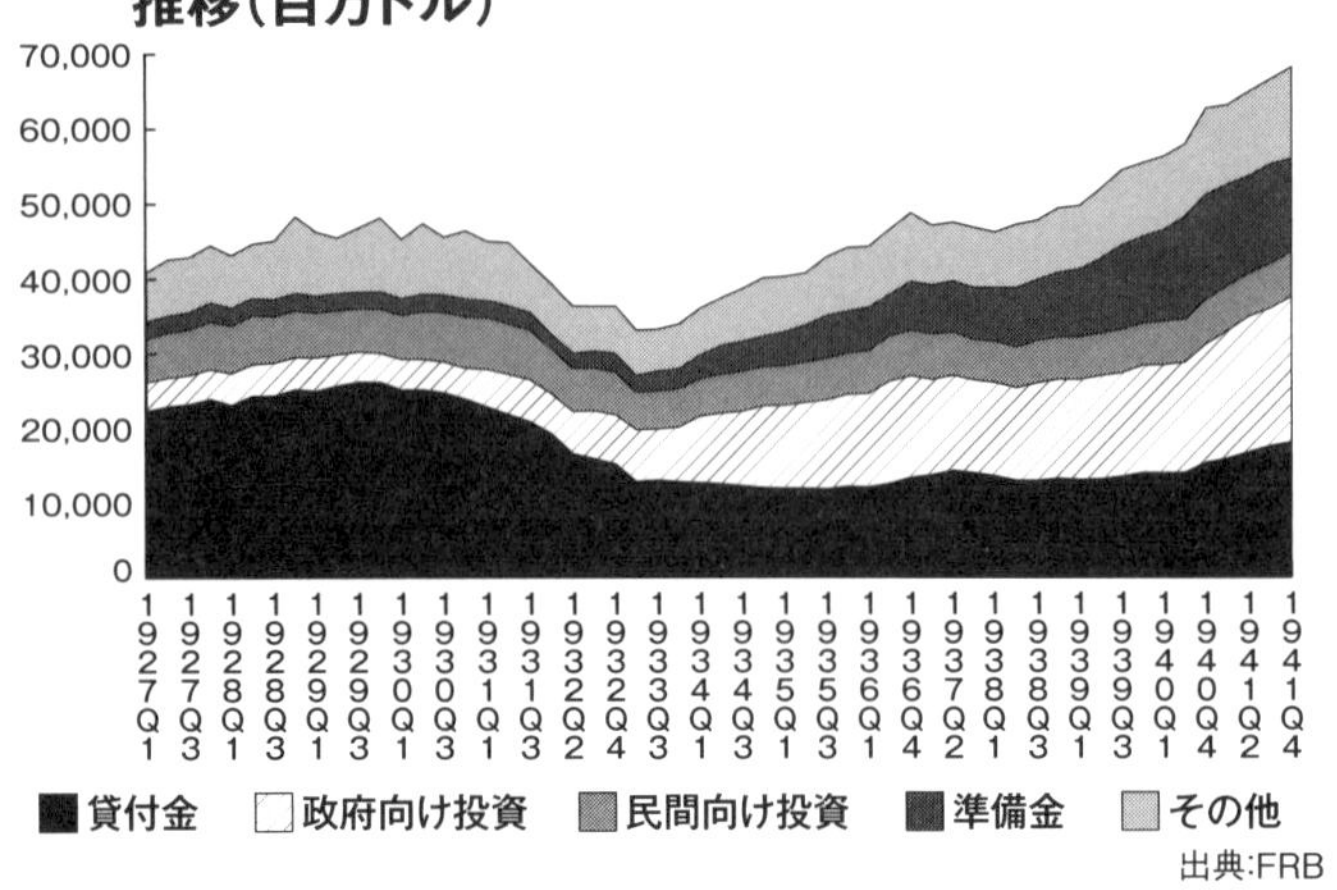

しかし、恐慌期のデータは、フリードマンの主張が明確に間違いであることを教えてくれる。図㉛は、大恐慌期のアメリカの国内銀行の「資産」の推移である。１９２９年に大恐慌が始まって以降、アメリカの銀行の貸付金が急速に減っているのが理解できる。つまりは、当時のアメリカの一般企業は、負債返済に走り、銀行預金という貨幣を「消していた」のである。

注意しなければならないのは、当時のアメリカの国内銀行は別に「貸しはがし」をしていたわけではない、という点だ。むしろ話は逆で、需要の縮小と売上、利益の低下を受け、企業が投資意欲をなくし、ひたすら借金返済に励むようになったのである。結果的に、銀行預金という貨幣が消滅していった。

社会から急速に貨幣が消えていく中、アメ

図㉜　大恐慌期前後のアメリカのベースマネー、マネーサプライ（対前年比%）

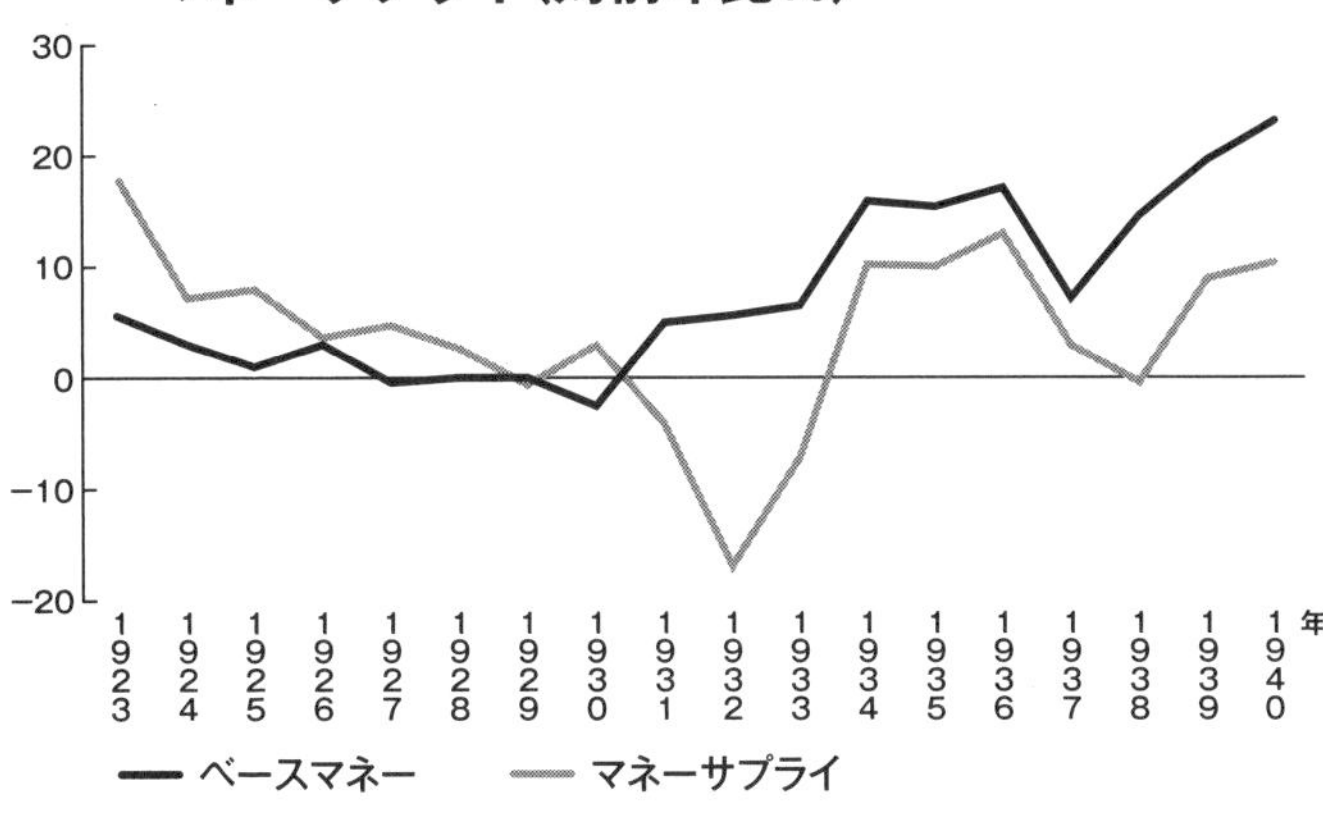

出典:U.S. Census Bureau Statistical Abstracts

※ベースマネー：流通している現金紙幣・硬貨の残高＋FRB預金残高
※マネーサプライ：流通している現金・硬貨の残高＋銀行預金残高

リカの中央銀行であるＦＲＢは懸命にベースマネー（現在のマネタリーベース）を拡大し、銀行預金を中心としたマネーサプライ（現在のマネーストック）の縮小を抑え込もうとした。

すでにご理解されているだろうが、

「中央銀行が市中銀行に発行する準備預金（アメリカではＦＲＢ預金。日本では日銀当座預金）」

と、

「市中銀行が一般企業や家計に発行する銀行預金」

は、まったく異なる貨幣だ。金貨銀貨の世界ではあるまいし、ベースマネー（マネタリーベース）とマネーサプライ（マネーストック）との間に、直接的な関係はない。

無論、銀行準備制度の下で、市中銀行が発

行する預金という貨幣の量は、ある程度は準備預金の影響を受ける。

「市中銀行は、発行した銀行預金の特定割合（預金準備率）の準備預金を保有しなければならない」

という、銀行準備制度のルールは、本来は「銀行の預金発行を抑制する」ことが目的なのである。たとえば、預金準備率が1％の状況で、中央銀行が発行した準備預金を100、保有する市中銀行があったとしよう。市中銀行は1万の預金を発行する、つまりは借り手に貸し出して構わないことになる。

この状況で、中央銀行なり中央政府が「インフレを抑制する＝需要拡大を防ぐ」ことが目的で、預金準備率を2％に引き上げた。すると、保有する準備預金が100のままの市中銀行は、5000までしか預金を発行できなくなる。そうすると、市中銀行は預金発行を絞り込み、手持ちの国債等を中央銀行に売却し、準備預金を積み増す必要に迫られる。銀行からの貸出（預金という貨幣の発行）が制限されれば、需要拡大は抑制され、インフレ率上昇に歯止めがかかる。

これが、銀行準備制度によるインフレ率抑制のプロセスだ。

「ルーズベルト不況」となった理由

問題は、銀行準備制度は「デフレ」環境下では無効化されるという点である。同じく預金準備率が1%、市中銀行が保有する準備預金が100、預金発行が1万。この状況で、国民経済がデフレ、つまりは需要不足に陥り、中央銀行は準備預金を200に増やし、銀行からの貸出（預金という貨幣の発行）を増やそうと試みた。

準備預金が増えたため、銀行は「借り手がいれば」貸出することで、預金という貨幣の発行を、最大2万に増やすことが可能だ。とはいえ、借り手がいなければどうなるのか？「セイの法則」は、成立していないのだ。買い手が減少している以上、企業は借り入れや投資を増やさない。

デフレ期や恐慌期、民間企業は投資意欲を喪失する。世界大恐慌期のように、設備投資が16分の1に縮小するような時期に、銀行からの貸出が増えるはずがない。それどころか、企業が負債返済に走るため、銀行の貸出（＝預金という貨幣）の量は急激に縮小していく。

実際、図㉜（199ページ）の通り、アメリカのマネーサプライは1931年以降、継続して減少していった。

フリードマンは、大恐慌について「FRBの金融政策の失敗」に責任を押し付けたが、現実のFRBは懸命にFRB預金を発行し、市中の預金消滅を食い止めようとしたのである。

ところが、1930年以降、貸付金＝銀行預金が猛烈な勢いで減り始めた。図㉜でいえば、マネーサプライの縮小だ。マネーサプライ（現代はマネーストック）の大半を占めるのが、銀行預金なのである。

結局、FRBの金融緩和（FRB預金の発行）は大恐慌という超デフレーションに対しては無力だった。そもそも、仕組み上、FRB（日本銀行も）に需要の急収縮を食い止めることは不可能なのである。

マネーサプライ、あるいは銀行の資産が増加に転じたのは、ルーズベルト政権がニューディール政策で国債発行、財政拡大に乗り出した以降である。図㉜の通り、1934年以降に「政府向け投資（銀行にとっては国債購入）」が増加し、マネーサプライが対前年比でプラスに転じた。

その後、ルーズベルト政権が1937年に緊縮財政路線に転換し、またもやマネーサプライが対前年比でマイナスに落ち込んでしまった。せっかく低下傾向にあった失業率も、1937年に再び上昇に転じ、1938年には20％近くに達する。1937年のルーズベルト大統領の「変心」による再デフレ化を、ルーズベルト不況（あるいは「恐慌の中の恐慌」）と呼ぶ。

いずれにしても、デフレや恐慌という猛烈な需要不足に対して、金融政策、具体的には中央銀行の貨幣発行（準備預金の拡大）は役に立たない。それにもかかわらず、図⑤の通り、Ⅱ派の経済学者はデフレ対策として未だに「中央銀行による貨幣発行」を主張するが、これはミルトン・フリードマンが残した悪しき遺産である。デフレ、恐慌を食い止め、国民経済を成長路線に戻すには、図⑤のⅠ派の「政府による有効需要の拡大」が必要なのだ。有効需要とは、先述の通り、「ＧＤＰにカウントされる政府支出」を意味する。

フリードマンの「中央銀行の貨幣発行万能主義」、つまりマネタリズムは、現代の日本における、いわゆる「リフレ派の実験」につながった。いわゆるリフレ派の提言を受け、日本銀行はデフレ対策として２０１３年以降、実に３８０兆円ものマネタリーベースを拡大したが、結果は今さらいうまでもない。

特定国の恐慌が世界中に伝播していくグローバリズム

グローバリズムによりモノ、ヒト、カネの国境を越えた移動が自由化されている状況で、特定の国（特に経済規模が大きい国）で恐慌が起きると、世界中へ伝播していく。１９２９年に勃発したアメリカの恐慌は、カネ（資本）や金融経済で結びついた世界へと、瞬く間に広がっていった。

世界大恐慌の悪影響をもっとも受けたのは、実はドイツであった。１９３２年のドイツの鉱工業生産は、何と1929年と比較し40％超も減少してしまった。

無論、物価も大幅に下落。卸売物価は1929年比で40％近くも下落し、失業率は1932年に43・8％に達した。

日本国民には想像できないほどの「ルサンチマン」に溢れた当時のドイツ国民は、共産主義者や社会主義者、そしてユダヤ人を敵として認定し、攻撃するナチス・ドイツを熱狂的に支持した。結果、1933年にドイツでアドルフ・ヒットラーが首相の座に就き、第三帝国が始まった。

ルーズベルト政権下でFRB長官を務め、恐慌に立ち向かったマリナー・エクルズは、デフレーションの深刻化で民主制が壊れ、全体主義が勃興したドイツを大西洋の反対側からつぶさに見ていた。エクルズは、

「デフレは民主主義を破壊する」

との言葉を残すことになる。

ちなみに、日本では1921年から1922年にかけ、我が国の内閣総理大臣を務めた高橋是清が1931年に発足した犬養内閣の大蔵大臣に就任。政府の「金融政策」と「財政政策」のパッケージにより、見事に日本の経済をデフレから脱却させた。

もっとも、大恐慌（日本では昭和恐慌）期の日本の人心は荒れに荒れ、テロリズムが頻発する状況になっていた。高橋是清も、二・二六事件で命を落とす。

ところで、マリナー・エクルズは、大恐慌という超デフレーションからアメリカ経済を脱却させるに際し、

「デフレ期には財政赤字を拡大させ、インフレ期に均衡財政を目指すべき」

と、実に真っ当な「弾力的予算の原則」を唱えた。つまりは図⑤のⅠ派の「機能的財政論」なしでは、デフレや恐慌から国民経済を救うことはできないのだ。

デフレーションとインフレーションは、経済現象としては真逆になる。現象が真逆である以上、正しい解決策も当然、異なる。橋本龍太郎政権、あるいは濱口雄幸政権が実施した「財政均衡」を目指す緊縮財政は、インフレ期にはともかく、デフレ期には「正しい解決策」にはならない。

橋本政権以降の日本の政権は、デフレ環境下であるにもかかわらず「PBの黒字化」、つまりは均衡財政を目指し、デフレを継続させてきた。デフレが続くと、名目GDPが縮小し、税収減で赤字国債が増える。それを受け、政府が「PBを回復させる」べく、増税や政府支出削減に走り、さらなる名目GDPと税収減を招き、財政が悪化するという悪循環が続いているのが現代の日本だ。

コロナ恐慌が日本経済を破壊する

２０２０年3月9日、内閣府は２０１９年10─12月期の経済成長率の改定値を発表した。壮絶、としか表現のしようがない結果に終わった。

経済成長率、年率換算▲７・１％（対前期比▲１・８％）。

年率換算▲７・１％のマイナス成長とは、前回の増税時（２０１４年４─６月期）の▲７・４％以来の落ち込みになる。２０１９年10─12月期の経済成長率について、多くのエコノミストが年率換算▲４％前後を予想していたのだが、現実ははるかに上を行った。

さらに、５月18日に内閣府が発表した、２０２０年１─３月期の経済成長率の改定値は、前期比▲０・９％、年率換算で▲３・４％。２四半期連続の大幅なマイナス成長となった。しかし、緊急事態宣言が出されたのが、４月７日。４月、５月と経済活動が一斉にストップしたので４─６月期の落ち込みはもっと悲惨なものになるはずだ。

筆者は２０１９年10月の消費税率10％引き上げにより、経済成長率が大幅にマイナスとなり、その後「五輪不況」「7月1日の消費税再増税（キャッシュレス決済によるポイント還元終了）」「残業規制」と、ネガティブなイベントが継続するため、我が国は歴史的に「アベ・ショック」と呼ばれる景気後退に陥ると予想していたのだが、それどころではなくなってしまった。

新型コロナウイルスの襲来である。

新型コロナウイルスの震源地である中国の武漢が封鎖されたのは、1月23日。この時点で、さすがに呑気な日本人も、中国大陸で「とんでもないこと」が起きていることを認識した。ところが、武漢封鎖直後に、

『春節に際して、そしてまた、オリンピック・パラリンピック等の機会を通じて、更に多くの中国の皆様が訪日されることを楽しみにしています。その際、ぜひ東京以外の場所にも足を運び、その土地ならではの日本らしさを感じて頂ければ幸いです。（後略）』

という安倍総理大臣の祝辞が、1月30日まで北京の日本大使館のホームページに掲載され続けたのは、先述の通りである。総理が春節による中国人観光客の懐をあてにしていたのが明らかだ。要するに日本人の安全よりも中国人からの「カネ」を最優先させたのだ。

中国全土からの入国規制が始まったのは、何と3月9日。あまりにも遅すぎた。

中国全土からの外国人の入国を規制しなかったため、日本国内で新型コロナウイルスのアウトブレイクが起きてしまった。安倍政権は国内の「大規模なイベントの自粛」「小中高の全国一律休校」「不要不急の外出自粛」を「要請」したが、「休業補償」には及び腰であった。結果的に日本国民の消費意欲は恐ろしいほどの勢いで収縮していった。

飲食店など、国内サービス業の売り上げの落ち込みは悲惨の極みだ。東京の夜の繁華街までもが閑散としている有様で、売上半減が「普通」という凄まじさである。6月の段階

で倒産した会社も3桁を超えたが、その数は月を追うごとに増え続けている。

消費税増税の影響で、2019年10―12月期の民間最終消費支出（いわゆる個人消費）の改定値は、年率換算で▲10・6％（対前期比▲2・8％）だった。年率換算とは、対前期比の水準が1年間継続した場合の値のことだが、2020年1月以降、状況は改善するどころか、むしろ大幅に悪化。総務省の家計調査によると4月の消費支出は前年同月日を11・1％下回り、消費税増税が実施された昨年10月以降7か月連続の減少。統計が比較できる2001年以降最大だ。個人消費が通年で2桁の減少という悪夢が起きえる。

2019年の民間最終消費支出は、約305・7兆円。安倍政権は2019年10月の消費税増税と、新型コロナウイルスに対する初動の「大失敗」により、日本経済から30兆円以上もの消費を喪失させる可能性が濃厚なのだ。つまりは、GDPの5％超の消失である。この時点で「大惨事」であるが、さらなるショッキングなことに、新型コロナウイルスは世界各地に広がり、WHOがついに「パンデミック」を表明。

筆者は欧州のイタリアで感染者が増え始めた時点で、「これは大変なことになる」と予想した。理由は、イタリアがシェンゲン協定加盟国だからだ。EUという「グローバリズムの国際協定」は、モノ、ヒト、カネの国境を越えた移動を自由化している。ヒトについては、EU憲章（マーストリヒト条約）で「労働者の移動を妨げてはならない」と規定されており、挙句にシェンゲン協定。シェンゲン協定加盟国は、国境検査すらしなかった。

イタリアで蔓延した以上、EUのシェンゲン協定加盟国におけるアウトブレイクは避けられないと予想したのだが、実際にその通りとなった。ドイツ、フランス、スペインと、EU諸国（厳密にはシェンゲン協定加盟国）は次々に新型コロナウイルスのアウトブレイクに見舞われ、3月15日には、ドイツが国境検問を実施すると発表。シェンゲン協定が、とりあえずは終わった。

そして、東京五輪2020の延期が決定。安倍総理大臣は国際オリンピック委員会（IOC）のバッハ会長と電話で会談し、東京五輪を1年後の2021年7月に開催することで合意した。開催できなければ中止となることも決まった。

しかし、現実問題として「五輪延期」など可能なのだろうか。イベントの諸会場の予約は、来年までスケジュールが決まっており、今からの変更は極めて困難だ。また、すでに販売されてしまった選手村のマンションへの入居にも影響が生じる。さらにいえば、ワクチンが完成するまでは通常1年から1年半かかるといわれている。2021年になってもコロナ禍が収束しているという保証などないのだ。

仮に収束したとしても、ボランティアやスタッフの確保はどうするのだろう。数十万人が「五輪を終えた翌年」として2021年を考えていたわけだが、そこでいきなり「来年も」などとやって、十分な人員の確保が可能なのか。

東京五輪は、最終的には「中止」ということにならざるを得ないと予想している。新型コロナウイルスのパンデミックを受け、すでに顧客激減で青息吐息になっている宿泊業にとって、東京五輪延期や中止は致命的な打撃になる。

アメリカでは2か月で3600万人が失業した

もっとも、ことは日本国内に収まらず、世界中が「GDP（国内総生産）激減」という危機に直面している。第二次世界恐慌が始まったと認識するべきであろう。

4月以降、所得喪失により「飢え」に直面する日本人が激増している。もちろん、第二次世界恐慌であるため、世界中がそうなる。

アメリカのセントルイス地区連邦準備銀行のブラード総裁は、新型コロナウイルスのパンデミックを受け、アメリカの失業率が32％、失業者数は4700万人以上と、大恐慌時を上回るほどに悪化すると予測した。本稿執筆時点で、アメリカではすでにレストランやバー、映画館、ホテル、スポーツジムなどが閉鎖。各事業所は軒並み人員削減を加速させている。

トランプ政権下、25万人前後で推移していた失業保険の申請者数が、3月21日までの1週間で、いきなり328万に膨れ上がった。リーマン・ショック時でさえ66万人だったことを考えると文字通り、桁が違う。翌週には664万人とわずか2週間で1000万人近くに達した。その翌週も661万人と続き、わずか2か月で3600万人（！）を突破し、労働人口の5人に1人が失業状態となった。まさに異常事態だ。5月の雇用統計によると失業率は13・3％と、4月に比べわずかに改善したものの、リーマンショック時のリセッション（景気後退）時のピークである10％を大きく上回り、戦後最悪の水準だ。

また、ドイツのIFO研究所は、2020年のドイツのGDPが最大で7290億ユーロ（約87兆円）縮小する可能性があると指摘。つまりは、最悪、1年間でドイツのGDPの20％が吹き飛ぶ計算になる。

新型コロナウイルスのパンデミックの影響で、生産活動が軒並みストップしている以上、欧州諸国が（欧州だけではないが）ドイツ並みにGDPが消滅することは確実だ。

図㉝　アメリカの失業保険申請者数（百万人）

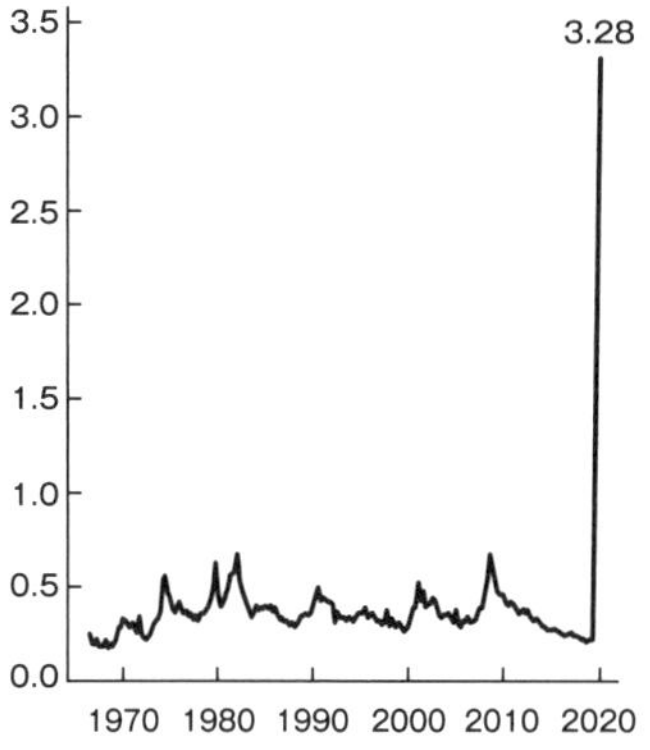

3.5
3.0
2.5
2.0
1.5
1.0
0.5
0.0
3.28
1970 1980 1990 2000 2010 2020

出典:U.S. Bureau of Labor Statistics

GDPの20％喪失は、国民の所得が20％消えることとイコールである。給料が2割減った人は、当たり前の話として支出を減らす。すると、他の誰かの所得が激減し、と、悪循環がひたすら続き、GDPが「数割」減るというカタストロフィ（悲劇的終末）に至る。

その過程で失業者、倒産・廃業企業は激増。失業者は消費が困難になり、全体の消費が減

図㉞　2018年度　日本の名目GDP（支出面、十億円）

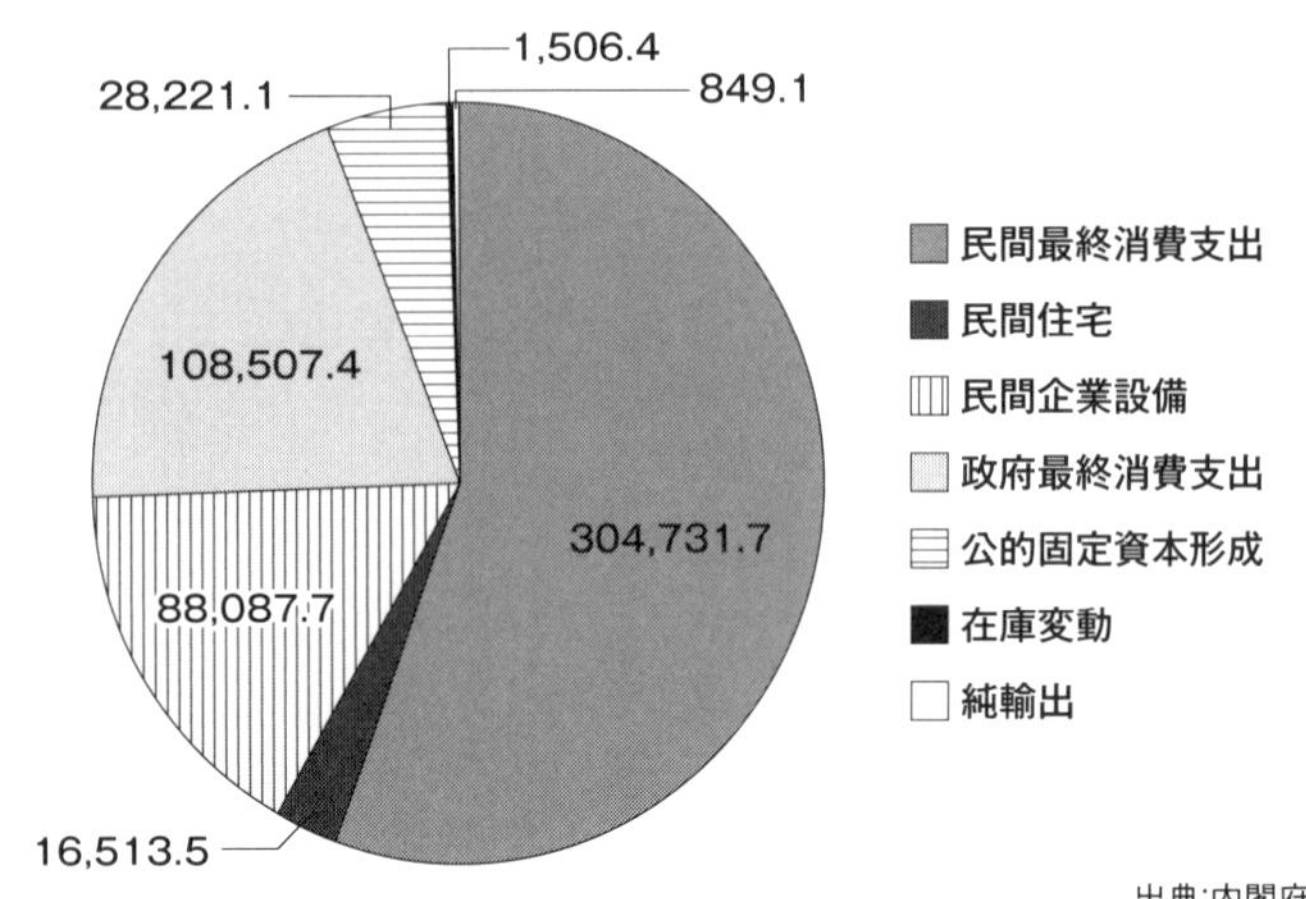

出典:内閣府

ることで仕事が生まれず、生産されても買われない。いや、買えない。

「食べ物は大量に余っているにもかかわらず、国民が飢える」

という異様な状況が現出することになる。まさに、１９２９年に始まった世界大恐慌の再現である。

無論、恐慌の進展とともに物価は大きく下落するが、それ以上に「販売量＝生産量」が激減するため、所得は実質で落ちていく。

最終的には、貧困化し、飢えに直面し、極度のルサンチマンを蓄積した大衆が「生き残り」のために動き出し、社会が壊れる。ナショナリズム（国民の連帯意識）が破壊された結果、大恐慌期のドイツのごとく、民主制は維持不可能になる。

ＧＤＰを支出（需要）面で見ると、

◆GDP＝民間支出＋政府支出＋純輸出

となる（細かく書くと、民間支出＝民間最終消費支出＋民間企業設備＋民間住宅。政府支出＝政府最終消費支出＋公的固定資本形成。在庫変動は省略）。

図㉞が2018年度の日本のGDPだ。民間、政府、外国（※純輸出）のいずれかが支出を増やさない限り、「支出の合計」であるGDPは増えない。

仮に、ドイツのGDPが20％失われるとして、政府支出がそれ以上に増えれば、国民経済は救われる。問題は、恐慌期に喪失に直面するGDPの規模だ。ドイツが87兆円の需要消滅をカバーするためには、少なくともドイツ政府が同じ規模の「財政赤字」を決断する必要がある。つまりは、財政赤字対GDP比20％。

ドイツに限らず、主要国の政府は財政均衡主義が主流だ。EUは、「財政赤字を国内総生産（GDP）比で3％以下に抑える」という財政ルールを一時停止することで合意した。新型コロナウイルスの感染拡大で、欧州経済に「恐慌」が襲い掛かり、各国に機動的な財政出動を認め、景気対策を後押しする必要があると判断したわけだ。

それにしても、財政均衡を憲法に書くほどの頑迷なドイツが、いきなり対GDP比20％の財政赤字を許容できるのだろうか。メルケル政権は今回の危機を受け、1560億ユーロの国債発行（＝財政赤字）を表明しているが、対GDP比では4・5％に過ぎない。

しかも、ドイツをはじめユーロ加盟国は金融主権をECB（欧州中央銀行）に委譲している。財政拡大のために国債を発行し、金利が上昇したとして、中央銀行による主体的な国債買取はできない。

今回の「第二次世界恐慌」において、筆者がもっとも懸念しているのはEU加盟国、ユーロ加盟国である。新型コロナウイルスの蔓延を食い止められなかった欧州諸国は、外出禁止はもちろん、軒並み「経済活動の停止」を実施している。結果的に、国民の所得は激減し、恐慌のプロセスが回転を始める。

財政や金融の主権を持たないユーロ加盟国に、恐慌の進行を食い止めることができるとは思えない。最終的には、欧州連合やユーロは「解体」に追い込まれると予想する。

主権通貨国である日本、アメリカ、イギリスなどは、財政政策と金融政策により対GDP比数十％の財政赤字の拡大が可能だ。むしろ拡大しなければならない。繰り返しになるが、変動相場制の独自通貨国にとって、財政赤字拡大とは「政府貨幣発行」に過ぎないのである。

問題は、

「国の借金で破綻する」

と、間違った貨幣観を頭に刷り込まれた国民が、財政赤字拡大に怯え、「民主制」により政府の財政拡大を妨害しようとすることだ。あるいは、貨幣観を間違えた愚かな政治家たちが、財政均衡主義から逃れられず、十分な財政拡大の決断ができない。

日本の場合、双方が影響し合い、恐慌を食い止められない可能性が濃厚である。恐慌という国家の危機において、国民を餓死から、あるいは自殺から救うことができるのは、政府の十分な貨幣発行＝財政赤字拡大だけなのだ。それにもかかわらず、財務省と緊縮財政という「壁」が立ちふさがり、日本はこのままでは恐慌を押しとどめるだけの大規模財政拡大には乗り出せないだろう。

コロナ感染死と経済的理由による死はトレードオフ

新型コロナウイルスのパンデミックを受けた、安倍政権の無責任な自粛要請、小中高全国一律休校などにより、日本国民の外出は激減してしまった。結果、飲食業、宿泊業、タクシー業などが、壊滅的な打撃を受けている。売上（利益ではない）が対前年比8割減、という状況も珍しくなくなったのである。

国民民主党や、共産党などは、早期から消費税減税を含む大規模経済対策を求めていたが、ついに自民党「内」からも「令和恐慌」を防ぐための大規模経済対策が提言されるに至った。

自民党の安藤裕衆議院議員が代表を務める「日本の未来を考える勉強会」の所属議員ら

若手有志42名は、西村康稔経済再生担当大臣と面会して消費税率0%を含む大規模経済対策を提言した。具体的には、

「30兆円規模の補正予算を編成し、財源には躊躇なく国債を発行してそれに充てること」

「被雇用者に対しては十分な休業補償をするとともに、事業者、特に中小企業及び小規模事業者（個人事業主を含む）に対しては、失われた粗利を100%補償する施策を講ずること（特別融資だけでは不十分）」

「消費税は当分の間軽減税率を0%とし、全品目軽減税率を適用すること（消費税法の停止でも可）。なお、消費税の減税のタイミングとして6月を目指し、各種調整を速やかに行うこと」

などになる。

さらに、同じく大規模財政拡大を提言していた自民党の青山繁晴参議院議員が代表の「日本の尊厳と国益を護る会」と「日本の未来を考える勉強会」に所属する議員らが共同記者会見を開き、自民党内で消費税減税等を求める「減税勢力」の結集を宣言した。100名を超す自民党議員が賛同しているとのことである。

日本経済を恐慌から救う大規模経済対策を実施するためには、当然ながらPB黒字化目標の破棄、凍結が大前提になる。日本政府は、果たして「国民を救う」ためにPB黒字化目標破棄を決断できるのか。

アメリカＮＹの株式大暴落から始まった世界大恐慌とは異なり、２０２０年の第二次世界恐慌は、新型コロナウイルスという「疫病」と、ＧＤＰの大幅な減少という「恐慌」がセットになっている。

すなわち、我々は、

1、新型コロナウイルスという疫病（感染症）の蔓延による国民の死。

2、第二次世界恐慌という経済的理由による自殺、餓死の激増。

という二つのリスクに直面しているのである。

大変、深刻なことに、1と2はトレードオフの関係にある。

感染症の蔓延を防ぐべく、自粛強化や生産活動の抑制をすると、経済的理由による死が激増する。逆に経済を考慮し、自粛を緩和すると、感染症蔓延により死が激増するのだ。

5月25日に首都圏1都3県と北海道の緊急事態宣言が解除され、一応全国は徐々に日常を取り戻しつつある。しかし、必ず第2波はやってくる。それまでに有効なワクチンが開発されていない限り、今回のようなコロナパニックは繰り返されることになる。

話を戻そう。1のリスクに対処するために、ＧＤＰ崩壊を覚悟した上で、イタリアやスペインなどの欧州諸国は、経済活動停止措置に踏み切った。経済的ダメージがどれほどの「規模」になるのか、想像を絶する。

ＩＭＦ（国際通貨基金）によれば、新型コロナウイルスの蔓延による経済活動の急ブレーキで、２０２０年の世界経済成長率をマイナス３％と試算し、リーマンショック後の金融危機に見舞われた２００９年（マイナス０・１％）をはるかに超えて悪化し、１９３０年代の世界大恐慌以来の景気後退に陥るとの予測を示している。

感染拡大が止まらないアメリカでは、銀行大手のモルガン・スタンレーが、２０２０年４―６月期の同国のＧＤＰの見通しについて、前期比マイナス30・１％（年率換算）との予測を公表した。新型コロナウイルスの震源地である中国も２０２０年１月―３月期のＧＤＰが前年同期と比べてマイナス６・８％と、１９９２年以降、初めてマイナスを記録した。

「疫病」への対応が、「恐慌」を引き起こすことは明らかだ。だからといって、「疫病」を軽視し、「恐慌」のみに対処すると、感染症死亡者が急増する。

疫病のリスクと、恐慌のリスク、同時に対処しなければならない。これは、近年の人類が経験したことがない事態なのである（歴史的にはあった）。

１の「疫病」と、２の「恐慌」の関係は図㉟の通りとなる。

当初の時点では、疫病恐慌曲線Ａである。

感染症による死者数を抑えようとすると、右斜め下に進み、経済的理由による死者が増える。逆に、経済的理由による死者を抑えようとすると、左斜め上に進み、感染症による死者が増える。

しかも、厄介なことに、曲線上の移動は、決定権が最終的には「国民一人一人」にある。民主制の日本において、政府が国民の疫病恐慌曲線上の移動を「強制」することは、少なくとも法律的にはできない。

政府の政策とは無関係に国民が新型コロナウイルスを恐れ、自ら経済活動を控え（これが本当の「自粛」だ）、結果的に「恐慌」に殺される。あるいは、所得を失うことに耐えられず、普通に経済活動（あるいは「生産活動」）を始めてしまう可能性もある。結果、感染症による死者が急増することになる。

日本政府は、どうするべきなのか。傾きを「疫病恐慌曲線Ｂ」に変えるしかない。具体的には、大々的な財政拡大を宣言し、経済的被害が国民に生じないことをコミットした上で、自粛強化を誘引するのである。そうすることで、疫病恐慌曲線の傾きが「急激」になり、全体的な死者を減らすことが可能になる。

国民に「自粛を要請」するのは構わない。同時に「所得を補償する」ことにより、曲線の傾きを変える必要がある。

日本は独裁国ではないため、曲線上で国民

図㉟　疫病恐慌曲線

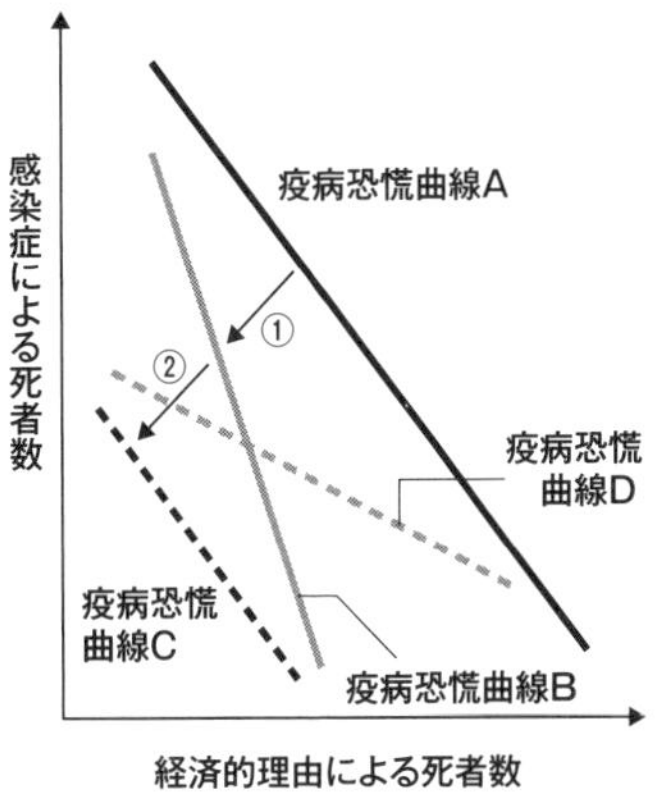

が勝手に移動してしまうのは避けられない。だが、日本政府の、たとえば、

「ＰＢ黒字化目標を破棄する」

「国民の損失を補償するため、財政を拡大する」

という宣言により、恐慌リスクを引き下げていくことは可能だ。そうなれば、国民の行動（変な表現だが）が疫病恐慌曲線Ｂの左上にのぼっていく確率を下げられる。

つまりは、ＰＢ黒字化目標破棄に代表される、緊縮財政の放棄こそが、「自粛」という国民の行動を強化するのである。

さらに緊縮財政を放棄した上で、中長期的には医療サービスの供給能力を強化し、傾きを緩やかにする（疫病恐慌曲線Ｃへの移行）。

なぜ、この順番なのかといえば、財政拡大は政治家の「意思」のみで可能であるのに対し、医療サービスの強化は投資と時間、蓄積が必要であるためだ。また、逆の順番、医療サービスの供給能力強化を先行させることはできない。緊縮財政では政府が十分な予算を使えない。そのため、疫病恐慌曲線Ｄはあり得ない。

それでは、政府が緊縮財政路線を堅持し、疫病恐慌曲線の傾きを変えようとしなかった場合、いかなる悲劇が我々日本国民を襲うのか。緊縮財政至上主義の下で、国家の店じまいを進める日本政府や政治家の「考え方」をシミュレートしてみよう。

恐ろしいのはメディアを使っての情報コントロール

先述の通り、感染症による国民の死と、経済的理由による国民の死は「トレードオフ」の関係にある。疫病恐慌曲線は右肩下がりになるが、曲線上の「どこを選択するのか？」は、最終的には国民の判断だ。

経済的理由による死を恐れ、曲線の左上に上がると（自粛をしない）、感染症による死が増える。逆に、感染症による死に怯え、自粛を強化し右下に下がると、経済的理由による死が増える。

政府は経済的な大規模対策を打ち、疫病恐慌曲線の傾きを「急激（疫病恐慌曲線B）」にしなければならない。ところが、我が国は政府が店じまい作業中である。全国民に一律10万円を配る程度のことすら、なかなか決められなかった。政府が疫病恐慌曲線の傾きが変わるほどの大規模経済対策は「絶対にやりたくない」となると、どうなるだろうか。

メディアが政府の統制下にあるわけではない、民主制の日本において、疫病恐慌曲線上の国民の動きを「強制」することは困難だが、情報コントロールによる「誘導」は可能だ。メディアは記者クラブに入っている以上、官邸や省庁から情報がもらえない限り記事が書けないのである。

それでは、政府は左上方向と右下方向、どちらに国民を誘導しようとするだろうか？

図㊱ 疫病恐慌曲線上の国民の選択

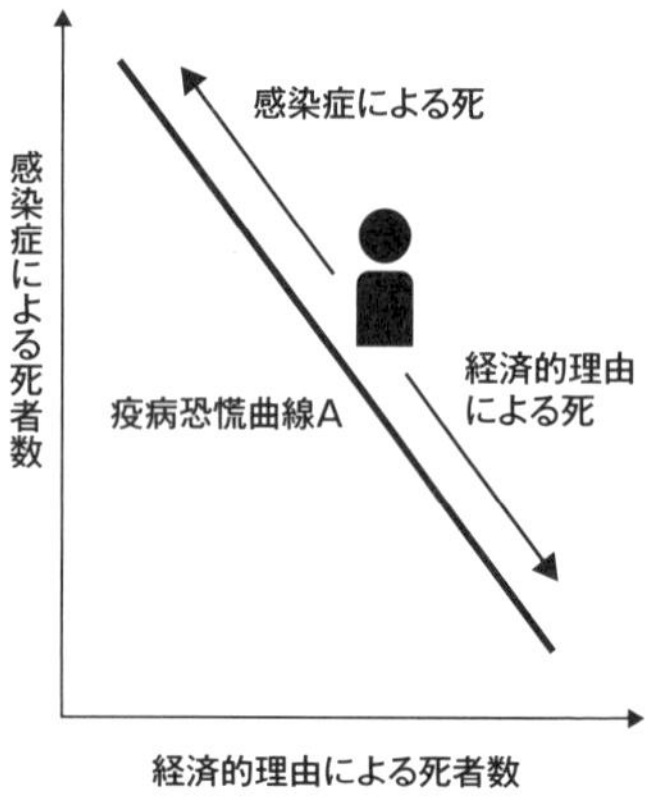

感染症による死者数

感染症による死

疫病恐慌曲線A

経済的理由による死

経済的理由による死者数

もちろん、右下方向である。

理由はシンプルだ。疫病、感染症による「死」は目立つ。特に、著名人が亡くなり、情報番組でひたすら特集が組まれると、国民に「感染症による死」を恐れる気持ちが醸成されていく。

それに対し、経済的理由による死は、統計が出るのが遅れる。恐慌による経済苦、自殺や餓死の増加は「後から」分かる。あるいはそもそも「分かり難い」のだ。別に、政府がマスコミを統制せずとも、国民は「経済的理由による死」よりも「感染症による死」を恐れるようになっていく。テレビのコメンテーターも感染症に対する恐怖をあおり、いわゆる恐怖プロパガンダが展開されることになる（恐怖に訴える論証「appeal to fear」）。

やがて、政府が何もしなくても、自粛要請に従わない国民、あるいは、「過剰な自粛による経済的理由による死の増加」に警鐘を鳴らす国民を、同じ国民が攻撃を始めることになるだろう。いわゆる「自粛警察」の増加だ。

面白いことに、この種の「国民分断政策」に乗じ、同じ国民を攻撃する人々は、やたら

「愛国性」を帯びる。

「自分の利益のことばかり考え、自粛に協力しない奴らは、同じ日本国民として許せない！」

といった空気が広まっていき、やがて自粛要請は「自粛強制」と化す。実は、これは「前回」の大恐慌期にドイツがたどった道、そのままだ。すなわち、全体主義への道である。国民に十分な「感染症への恐怖」が蓄積された段階で、特定の政治家が、

「国民を守るために、日本全土の封鎖と経済活動の停止を決断した。苦渋の決断だ！」

などと、歯を食いしばって叫べば、多くの国民は「喝采」を送り、自ら率先して疫病恐慌曲線の「右下」へと降りていくことになる。必然、経済的理由による死が激増することになるが、それは「後」にならなければ判明しない。

しかも、国民は疫病恐慌曲線の右下に降りることを「自ら選択した」ことになり、政府や政治家が責任を問われることはない。

「お前たちが自粛強化や都市封鎖を望んだんじゃないか」

というわけである。

果敢な態度を見せた政治家は支持率が急上昇。国民を犠牲にし、彼ら（または彼女ら）の政治力は、多くの国民を死に至らしめたにもかかわらず、逆に強化される。

本来、政府は国民を救うために、先述したように疫病恐慌曲線Aを、疫病恐慌曲線Bに

動かさなければならない。そのためには、大規模財政政策のコミットメントが必要だ。しかし、財務省という「壁」を打ち破れない政治家は、緊縮財政の下で「自らの政治権力を維持する」ことを考える。となると、国民に自ら疫病恐慌曲線の右下に降りてもらう以外に、権力維持・強化の方法がないという話になってしまうのだ。

第一章で解説したが、安倍晋三という「日本の総理大臣」は空虚な器だ。空虚な器が権力維持を望んだとき、国民のルサンチマンを煽り、自粛「強制」による経済的理由による死者が激増する可能性が濃厚なのである。緊縮財政が転換されない限り、今後の日本国民は「緊縮財政路線を転換しない政府」に、経済的理由による死を「自ら選択する」ことを迫られる。自殺強制国家というわけだ。

ノーウェア族の激増

グローバリストとは、国籍を問わず、「どこの国でも暮らせ、英語を喋り、主に資本から得られる利益（配当金）で暮らす人々」を意味している（日本人の中にも、もちろんグローバリストは存在する）。

英国のジャーナリストであるデイヴィッド・グッドハートは、２０１７年、『The Road to Somewhere: The New Tribes Shaping British Politics』（どこかに続く道：英国政治を形作る新種族）において、イギリス国民が「どこでも暮らせるエニウェア族（Anywheres）」と、「どこか特定の場所に所属するサムウェア族（Somewheres）」に分断されていると指摘した。

どの国でも暮らせ、英語を喋り、資本利益（配当金など）で所得を稼ぐ、エニウェア族。別名、グローバリスト。祖国でしか暮らせず、母国語のみを喋り、「ここ」で働くことで所得を稼ぐ、サムウェア族。

筆者は、過去に繰り返し「エニウェア族」と「サムウェア族」の問題を取り上げてきた。国民が二つの「部族」に分断されてしまうと、民主制が成り立たなくなってしまうためである。

ところが、実のところ現在の日本では、すでに「二つの部族の対立」構造を突き抜け、三つ目の部族、「どこにも属さない」ノーウェア族が激増している状況なのだ。ノーウェア族、別名、デラシネ（根無し草）である。

大東亜戦争敗北後、我が国では大家族制度や地域コミュニティが破壊され、「核家族化」と「東京一極集中」が進んだ。もっとも、核家族とは文字通り「家族」である。少なくとも、サムウェア族は「家族」に属することはできた。あるいは、東京一極集中が進んだとはいえ、会社勤めが激増し、「会社というコミュニティ」に所属することで安定を確保することも可能になった。また、小売業を中心とした自営業者たちは、地域コミュニティの中心を担い、商店街という共同体を構成する。家族、会社、商店街。いずれも、中間共同体として、個人と国家の間の橋渡しをしたのである。

ところが、1990年代以降に各種の「改革」が実施され、中間共同体は破壊されていく。派遣労働の解禁は非正規雇用を激増させた。当たり前だが、非正規雇用は「会社」という中間共同体に所属意識を持たない。また、大店法が改訂され大規模小売店舗立地法が施行された結果、地元商店街が潰されていった。

さらには、バブル崩壊後のわずかな例外を除き、延々と続く東京一極集中。1997年から始まった緊縮財政。経済のデフレ化と実質賃金の下落。地方から仕事がなくなり、困窮した国民、特に若い世代が東京圏に流入し、低賃金、不安定雇用で糊口をしのごうとした。結果、どうなったか。

家族という最小単位の共同体にすら属せない、ノーウェア族が激増したのである。

近年、日本では「単身世帯化」が恐るべき勢いで進み、1800万世帯を超えている。全体に占める割合も、1960年の16・5%から、2015年には34・5%へと激増し、今後も増え続けると予測されている。

単身世帯の増加とは、裏を返せば「結婚しない国民」、いや「結婚できない国民」が増えていることを意味している。結婚が減れば、少子化になる。当たり前だ。

日本の少子化の主因は、

図㊲　**日本の単身世帯数（左軸、数）と全体に占める割合（右軸、%）**

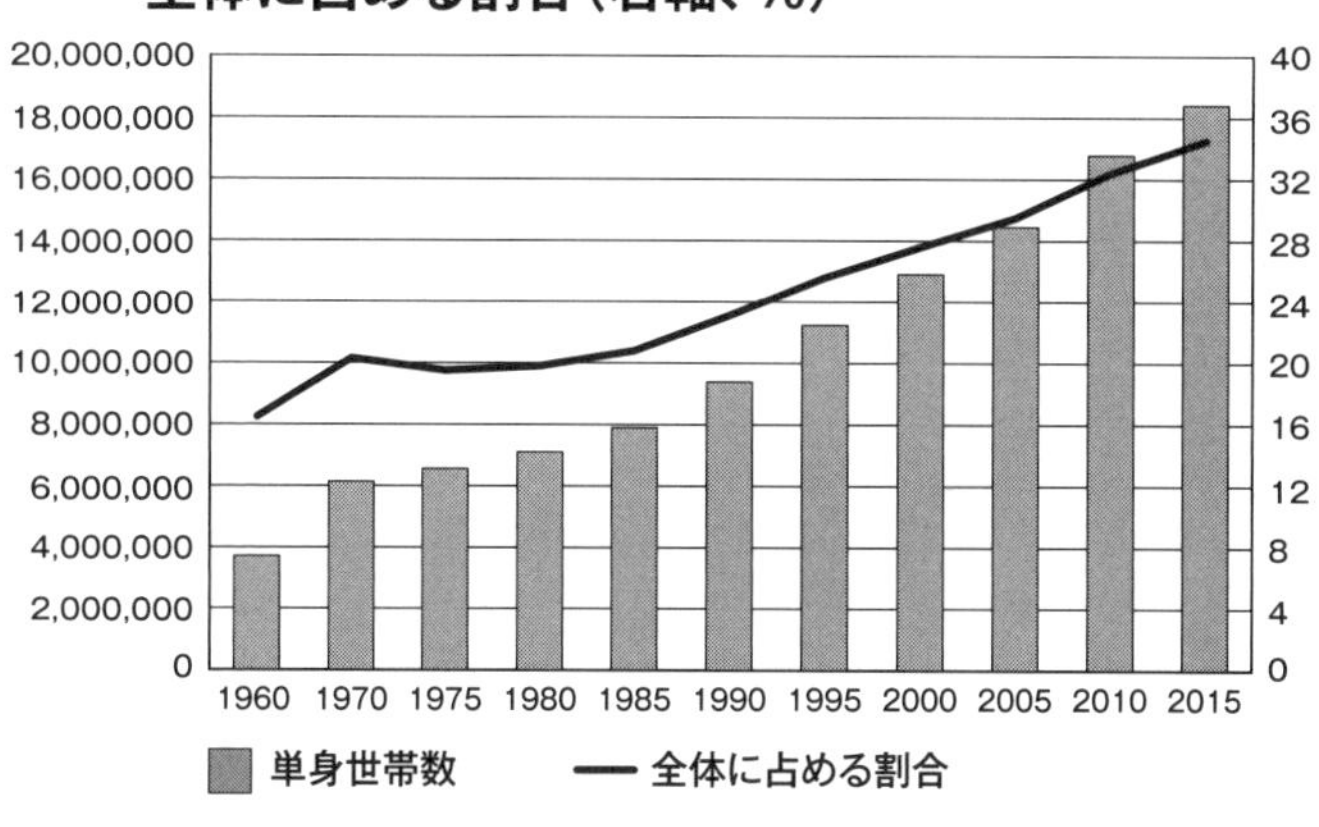

出典:統計局

「結婚した夫婦が産む子供の数が減っている」ことではない。

国勢調査（直近は２０１５年）から見た有配偶出生率は、１９９０年に66・０で底を打ち、２０１５年は75・９と回復傾向にあった。有配偶出生率は、有配偶女子人口１０００人当たりの出生数で計算される。

しかし、出生率は２０１５年をピークにまた下降をはじめ、２０１９年は１・36と４年連続の減少で２００７年以来、12年ぶりの低水準となってしまった。

少子化が終わらない。理由は簡単。未婚率が増加しているためである。

１９９０年までは５%を切っていた50歳時の未婚割合は、直近が男性23・37%、女性14・06%。現在も上昇傾向が続いている。

日本では、１９９７年のデフレ化以降、露

骨なまでに「婚姻率」が下がり続けているのだ。1947年の婚姻率（人口1000人当たり婚姻数）は12・0だったのだが、直近（2018年）はわずか4・7に過ぎない。

ちなみに、未婚者（18〜34歳）の結婚意思「いずれ結婚するつもり」は、男性が85・7%、女性が89・3%。実は、日本の若い世代の結婚願望は、他の先進国と比べても高い。

それにもかかわらず、我が国では婚姻率が上がらず、少子化が続いている。日本は少子化というよりは、未婚化という問題を抱えているのだ。一生を未婚のまま過ごす、単身世帯の増加。すなわち、ノーウェア族である。

日本人が結婚できず、ノーウェア族化している理由は、大きくは二つ。

1、実質賃金の低下。

2、東京一極集中。

30歳代の男性の所得分布を見ると、1997年は年収500万〜699万円が約25%ともっとも多く、2番目が400万〜599万円（20%）であった。それが、2017年は300万〜399万円が約20%と最も多い（令和元年少子化社会対策白書）。

女性が結婚相手に求める年収は、400万〜500万円が26・2%と最大。次が500万〜600万円（22・9%）と続く。

要するに、女性の希望年収に対して男性の年収が低すぎ、結婚が減り、少子化になっているのだ。まさに、財務省の緊縮財政が効果を発揮し、経団連をはじめとする経済界、さ

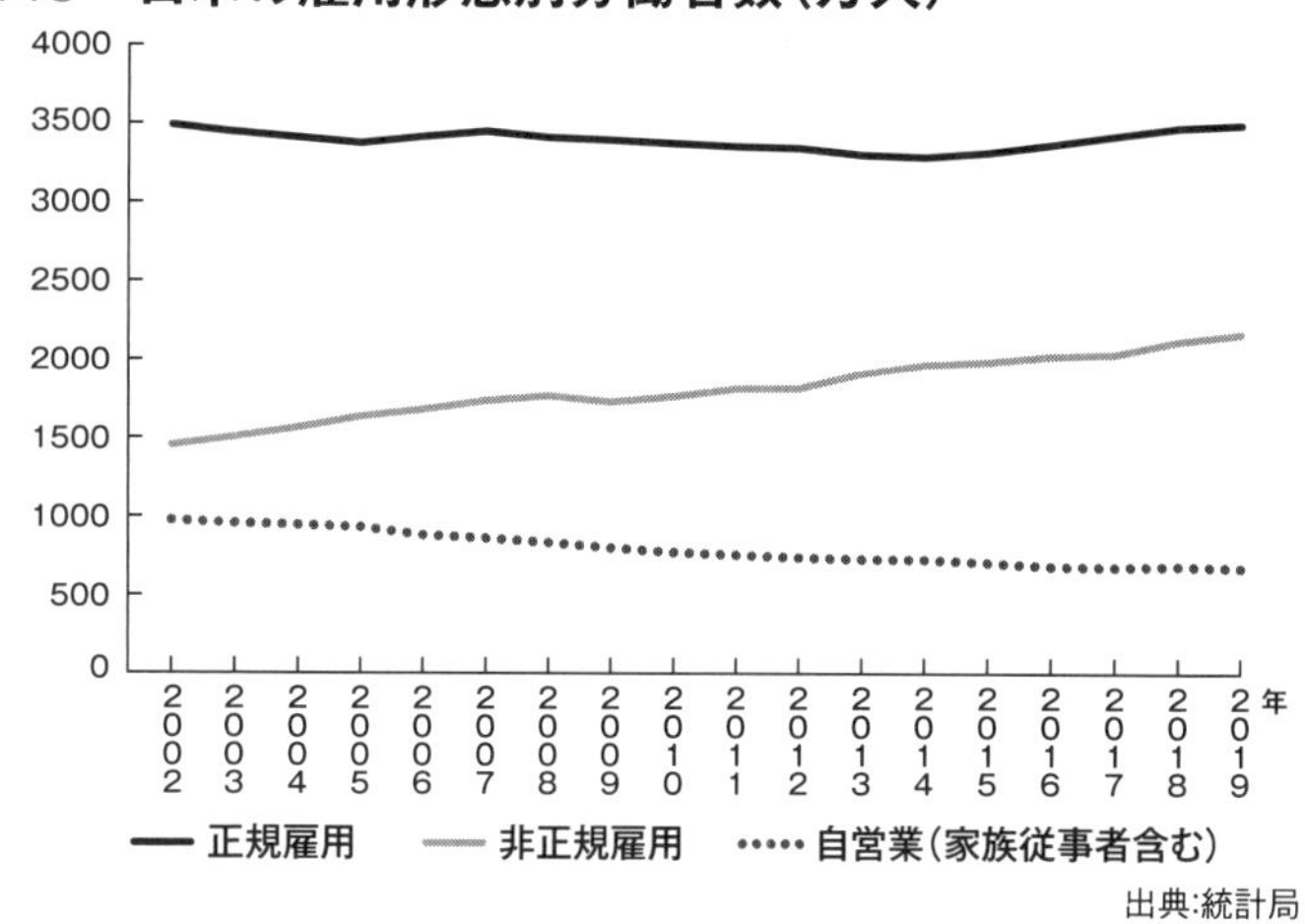

らには自己利益（配当金、キャピタルゲイン）の最大化を求めるグローバル投資家にとって「理想の国」と化していることが分かる。単身で貧困化し、富裕層やグローバリストに「安い労働力」を提供して生きている人々が激増しているのだ。

また、日本の雇用形態を見ると、「自営業（家族従事者含む）」が激減し、反対側で非正規雇用が増えた。ちなみに、非正規雇用が自営業の数を抜いたのが、まさに１９９７年。デフレ下の日本では、家族経営の自営業が消滅し、人々は孤立した非正規雇用者として生計を立てざるを得ない状況になっていく。

地域、家族からも切り離され、大都会で孤立し、貧困化する非正規雇用ばかりが増えていく。デフレが続き、少子化が進む。

ノーウェア族は都市部で高い家賃を支払い、

一人暮らしをする。仕事は「来年どうなっているか分からない」非正規雇用、あるいはギグワーカー。安価なサービス業で働き、ごく一部の富裕層のために「安い、良質なサービス」を提供する形で奉仕を続ける。彼ら、彼女らは、メガロポリスの一室で孤立し、ネットでのみ外界とつながる形で希望のない人生を生きていく。

そして、我が国は、この種のノーウェア族が激増したタイミングで、第二次世界恐慌に直面することになった。最悪だ。

「人民が減り、衰微してゆく政府が最悪の政府である」

前回の世界恐慌期、ドイツで「死」に直面したデラシネが激増した結果、誕生した政権が「ナチス」なのである。恐慌は、歴史を大きく変える。ノーウェア族激増＋第二次世界恐慌は、我が国の民主制を破壊する可能性が極めて高い。

すでに始まってしまった第二次世界恐慌。「所得が減る」ではなく、「所得をまったく得られない」人々が凄まじい数に膨れ上がることになる。国民貧困化は、デラシネのノーウェア族を激増させ、少子化はさらに進むだろう。民主制崩壊を避けられたとしても、それ以前の問題として、日本人消滅というゴールが見えてくる。

18世紀に活躍したジュネーブ共和国出身の政治哲学者ジャン・ジャック・ルソーは、名いる。

著「社会契約論」に、「人民が減り、衰微してゆく政府が最悪の政府である」と、書いている。

実は、日本の安倍晋三総理大臣は、憲政史上「最も国民の実質賃金を減らし」「最も国民の実質消費を減らし」そして「最も出生数を減らした」政治家である。ルソーの定義に従うと「最悪の政府、三冠王」なのである。

1997年の消費税増税により、日本経済はデフレ化し、国民の実質賃金は下落を始めた。デフレから脱却しない状況で、安倍内閣は2014年、2019年と二度も消費税増税を強行。結果的に、実質賃金と実質消費は大幅に下落した。

もっとも、賃金や消費以上に強烈だった「ショック」は、2019年の出生数が90万人を割りこみ、人口の自然減が50万人を上回ってしまった事実である。

図㊴の通り、特に第二次安倍政権発足以降、日本の出生数は急減。政権ごとの出生数増減率を比較してみると、安倍政権期の「マイナス」が文句なしでナンバーワンだ。

日本の男性は、雇用が安定し、所得水準が高ければ、普通に結婚している。逆に、不安定雇用で所得が低い男性は結婚できない。雇用環境や所得水準により、ほとんど「階級」ができてしまっているのが現在の日本だ。多くの若者にとって、結婚は今や「贅沢品」と化している。

さらに、日本の地方の若者は、よりによって「出生率が最低」な地域、すなわち東京圏

図㊴　日本の出生数(左軸)と対前年比(右軸)

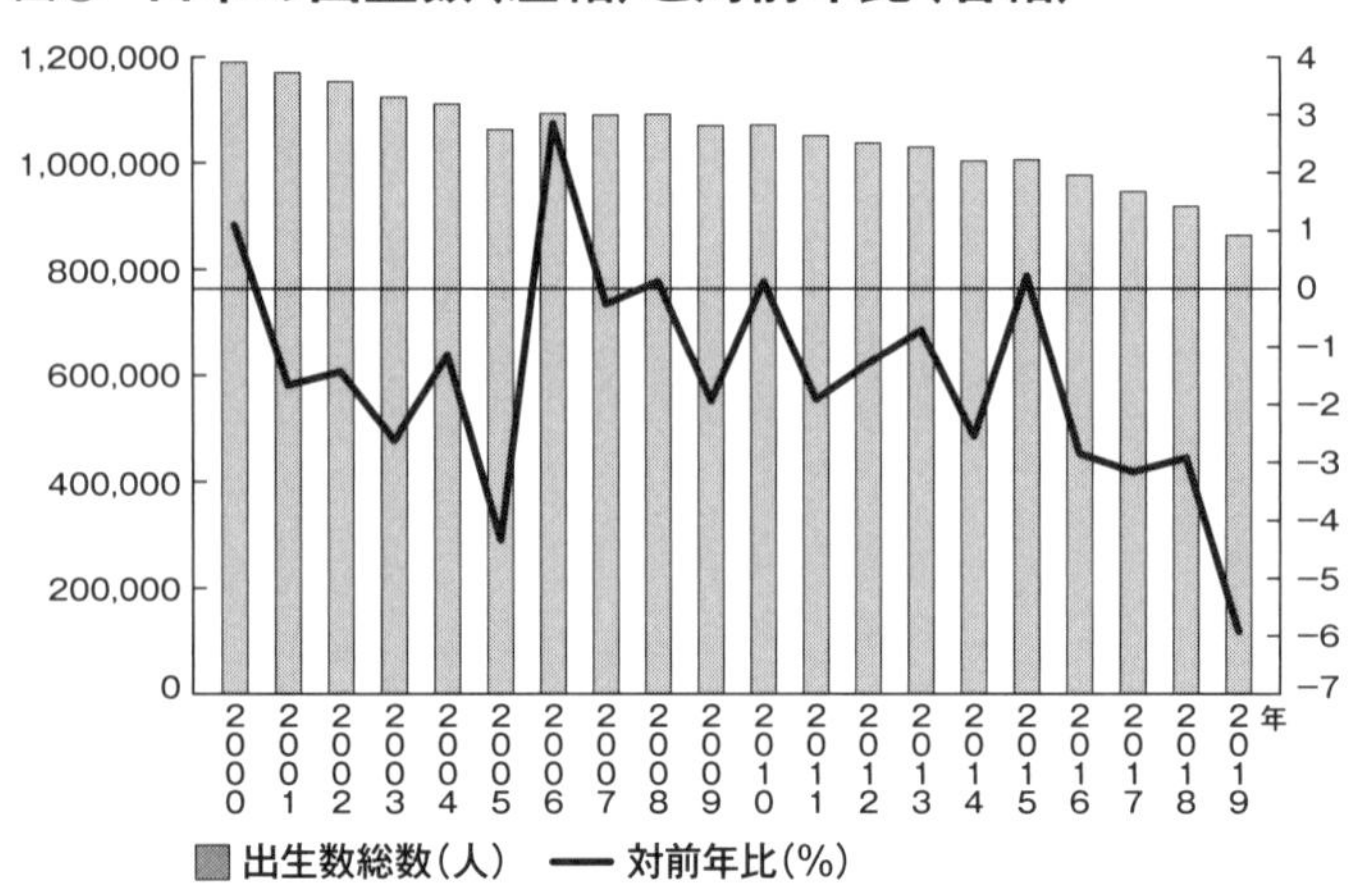

出典:厚生労働省「人口動態調査」

へと移動し、ノーウェア族になっている。2018年に至っても、1年間で14万人が東京圏に流入した。出生率の高い地方から、低い東京圏に人口が移ってきているのだ。少子化が進んで当然である。

問題は、所得水準の低下や雇用環境の悪化、東京一極集中は、グローバリズムのトリニティという安倍政権の「政策」により引き起こされているという点だ。安倍政権は緊縮財政を続け、実質賃金低下をもたらすデフレーションを解決しようとせず、ビジネスサイドの要求を受け、雇用規制はひたすら緩和。さらには、地方の公共投資を削減し、東京圏に「選択と集中」している。つまりは、現在の日本の少子化は宿命でも何でもない。政策的な必然なのである。

日本の少子化を本気で解決したいならば、

政策は実質賃金引き上げと東京一極集中の解消が中心にならざるを得ない。具体的には、次の通りになる。

1、移民を入れない。
2、緊縮財政から転換し、公共投資の「選択と集中」を中止し、地方を中心に交通・防災インフラを整備する。
3、医療・介護・土木建設など、政府が労務単価を引き上げられる分野の支出拡大。
4、非正規の公務員をすべて正規化する。
5、労働規制を強化し、実質賃金引き上げを目指す。
6、政府が企業の生産性向上の投資を全面支援。
7、東京から地方への家計・企業の移動を免税・減税政策で推進。
よくよく考えてみると、右記は「安倍政権が拒否し続けている」正しいデフレ対策そのままだ。いや、拒否というよりは、安倍政権は「真逆」の政策を猛烈な勢いで推進している。移民受入を拡大し、緊縮財政を続け、公共投資は東京圏に選択と集中。診療報酬、介護報酬を引き下げ、公共事業の労務単価上昇も抑制に懸命だ。地方交付税を減らし、公務員の非正規化を進め、労働規制はひたすら緩和。派遣労働や不安定なフリーランス（個人事業主）を増やし、「高度プロフェッショナル制度」なる残業代ゼロ制度も導入。企業に口先で生産性向上を求めるものの、政府はカネを出さない。東京から地方へ移転した際の減税政策は、多少はあるが、不十分である。

つまりは、少なくとも日本においては「少子化対策＝デフレ対策」になるのである。そして、安倍政権はデフレ対策ではなく「デフレ化政策」ばかりを推進する。結果的に少子化のペースが加速した。当たり前すぎるほど、当たり前の結果ではないか。

消費税を0％にすれば希望が見えてくる

楽観論を書きたいわけではないが、少子化・人口減対策は日本復活の「鍵」になりえる。つまりは、日本における「正しいデフレ対策」が、そのまま「正しい少子化対策」であることを理解するのだ。そして、デフレ化、少子化を推進する安倍政権のグローバリズムを食い止める。

「少子化、人口減少に危機感を持つならば、グローバリズム的政策を転換しなければならない」

この事実だけでも国民に共有されれば、希望が見えてくる。逆に、このままデフレ化政策が続く場合、将来的な日本人消滅が確定する。

2020年初頭、第二次世界恐慌が始まった。この状況で、これまでのデフレ化政策に政権や国民が固執するようでは、希望は消滅する。とはいえ、恐慌で国民が貧困化し、失業率や自殺率が上昇していくとなると、これはさすがに「ピボット（転換）」の可能性が高まってくることになる。

一つの試金石は、消費税「減税」であろう。

第二次世界恐慌の勃発を受け、野党勢力はもちろんのこと、ついに自民党からも「消費税減税」を堂々と謳う勢力が登場した。新型コロナウイルスという「疫病」と、第二次世界「恐慌」という二つの脅威に同時に襲われるという未曾有の危機において、消費税減税は最適な経済対策といえる。消費税率0％、あるいは消費税廃止は、

●消費性向が高い、低所得者層であればあるほど、恩恵が大きくなる。年収200万円の人にとっては、1か月分の可処分所得が増えるのと同じ。

●年金受給者や生活保護受給者、あるいはお小遣いをもらっている子供にも恩恵がある。

●たとえば、ネットカフェ難民といった、住所がない貧困層であっても恩恵が生じる。

●消費性向が低い、高所得者層であればあるほど、恩恵が小さくなる。つまりは、一種の累進課税となり、格差縮小にも貢献する。

と、いいことずくめなのである。ノーウェア族も、消費税減税による恩恵が大きい。

もっとも、当たり前だが、財務省の抵抗は凄まじいことになっている。

2020年4月現在、第二次世界恐慌を受けた経済対策が議論されているが、財務省の「勝利条件」は、以下の通りだろう。

1、ＰＢ黒字化目標を堅持し、経済対策は予備費と貸付等に限る（財務省の完全勝利）。

2、国債を発行し、単発、少額、短期の経済対策を認める。具体的には1回限りの給付金、あるいはキャッシュレス決済ポイント還元の延長、拡大など。

3、国債を発行し、大規模かつ単発な経済対策を認める。具体的には、休業補償、粗利補償、大規模給付金。

4、国債を発行し、継続的、大規模、長期の経済対策を認める。具体的には、もちろん消費税廃止（敗北）。

5、ＰＢ黒字化を含む財政均衡化路線を完全放棄し、長期計画に対する予算コミットメントを認める（完全敗北）。

最大の争点は、結局のところ、大規模給付金や損害補償は当然の話とした上で、「ＰＢ黒字化目標を破棄し、消費税率０％を実現できるか、否か」である。もっとも、財務省はＰＢ黒字化目標破棄や消費税減税を「論外」と切り捨て、かつ給付金や損害補償を可能な限り小さくするべく、政治家へのご説明やメディアへのリークを繰り返している。

ここが、天王山だ。

メディアでは現在、234兆円といった経済対策の「事業規模」が紙面をにぎわしている。騙されてはいけない。事業規模とは半分以上が「民間企業への貸出枠」、あるいは地方自治体に求める負担増であり、政府の財政赤字＝貨幣発行＝需要創出ではないのだ。実際の需要創出規模は、半分未満となるのが通例だ。

第2次補正でも全然足りない。現在の日本で必要なのは国債（貨幣）発行による需要創出なのである。合計で100兆円程度の「真水」だ。大型給付金などに加え、「消費税率0％」の減税措置だ。そのためにも第3次補正は絶対に必要なのだ。

日本経済を第二次世界恐慌から救う財政拡大を実現するためには、とりあえず「財政赤字＝政府貨幣発行」という認識を国民が共有する必要がある。正しい貨幣観が前提にならない限り、商品貨幣論やおカネのプール論、銀行の「また貸し」説から逃れられず、すぐに財務省主導の財政破綻プロパガンダに騙されることになる。

この事実を広く知ってもらうために、本書は「貨幣」の説明に多くのページを費やした。信用貨幣論という正しい貨幣観に基づき、経済政策のパラダイムを図⑤の「Ⅱ派」から「Ⅰ派」に転換することが可能なのか。貨幣観の修正ができない限り、最終的に日本人は「消滅」を免れないだろう。あるいは、それ以前に民主制が崩壊する。

話はシンプルだ。政府の財政赤字は、民間の黒字。政府の国債発行と財政支出は、国民への貨幣供給だ。

これが「貨幣の真実」である。我々が日常的に使用している銀行預金、現金紙幣は、それぞれ市中銀行、日本銀行の「債務（負債）」。我々の使っている貨幣が「誰かの債務」ということは、「誰かが債務を増やせば、我々の手元の貨幣が増える」という真実にたどり着ける。

もちろん、一般企業や家計が市中銀行からお金を借りれば、銀行預金という名の貨幣が増える。とはいえ、すでに第二次世界恐慌は始まっているのだ。

先述の通り、恐慌期には企業の投資はすさまじい勢いで減少する。1929年に始まった世界大恐慌では、アメリカの企業は設備投資を16分の1にまで減らした。投資が減り、銀行からの貸出は急減。それどころか、融資の返済が増え、社会から銀行預金という貨幣が消滅していく。恐慌は、民間の貨幣を消し去ってしまう。貨幣は貸借関係の成立で「発行」され、貸借関係の解消と同時に消滅する。

だからこそ、政府が債務を増やし、財政赤字で我々の保有する貨幣を増やさなければならないのである。難しい話ではなく、普通に国債を発行し、支出をすればいいだけの話だ。財政赤字は、民間黒字。我々の手元に政府が貨幣を届ける作業であるにもかかわらず、鳥瞰的な視点がない多くの国民は、なぜか「政府」の立場に立ち、

「財政赤字が拡大し、国の借金が増える！」

と、自分と政府を混同し、ありもしない財政破綻問題とやらを危険視する。国民は、政

府ではないのだ。それぞれの立場を明確に認識してほしい。

立場が混乱すると、政府の財政赤字により、

「民間黒字が拡大し、我々の貨幣が増える」

という、「国民としての立場」から見た真実に考えが及ばない。

20年以上も財政破綻プロパガンダが続き、「政府の負債＝国民の貨幣」を人口で割り、

「国民一人当たり８００万円の借金！」

なる幼稚なレトリックに引っ掛かり、「国民一人当たり８００万円の貨幣ではないのか？」などと想像もしなかった日本国民が、第二次世界恐慌に立ち向かえないのは必然だ。

このままでは、日本国は財務省が主導する、嘘の貨幣観（商品貨幣論）に基づく財政破綻論が原因で衰退し、亡ぶ。

本書が日本国民の貨幣観を正す一助となり、財務省や経団連、経済界、グローバル投資家など「特定の誰か」のための政治ではなく、真の意味における経世済民達成に貢献できるよう、心の底から願っている。

三橋貴明（みつはし・たかあき）

1969年、熊本県生まれ。作家・エコノミスト・中小企業診断士。2007年、東京都立大学経済学部卒業。2007年、インターネットの公開データの詳細な分析によって、当時好調だった韓国経済の脆弱さを指摘、大反響を呼ぶ。これが『本当はヤバイ！ 韓国経済』（彩図社）として書籍化され、ベストセラーとなる。既存の言論人とは一線を画した気鋭のエコノミスト。『亡国の農協改革』（飛鳥新社）『中国崩壊後の世界』『中国不要論』（小学館新書）『財務省が日本を滅ぼす』（小学館）などヒット作多数。

編集　小川昭芳

日本をダメにした財務省と経団連の欺瞞

二〇二〇年七月七日　初版第一刷発行

著者　三橋貴明
発行者　飯田昌宏
発行所　株式会社小学館
〒一〇一－八〇〇一　東京都千代田区一ツ橋二－三－一
編集　〇三－三二三〇－五一一七　販売　〇三－五二八一－三五五五
DTP　株式会社昭和ブライト
印刷所　萩原印刷株式会社
製本所　株式会社若林製本工場

ISBN 978-4-09-388776-2